Wolfgang Amadeus Mozart, geboren am 27. Januar 1756 in Salzburg, ist am 5. Dezember 1791 in Wien gestorben.

Der Leben-und-Werk-Band will nicht nur die biographischen Blickwinkel offenlegen, sondern berücksichtigt auch die Musikgeschichte, die Politik, die Geistes- und Kulturgeschichte jener 35 Jahre, die das Leben von Mozart währte.

Das Buch ist in vier Abschnitte gegliedert: *Mozarts Wirkung, Salzburger Jahre* – ausgehend von der Darstellung des geistlichen Fürstentums wird über Musik und Theater der Zeit berichtet, über die musikalische Erziehung des jungen Mozart, über erste Kompositionen, aber auch über das spätere Salzburger Werk aus den siebziger Jahren. *Auf Reisen* – Reisen, wie sie Mozart unternahm, waren für die damaligen Verhältnisse außergewöhnlich, von der Anzahl und von den Zielen her; sie haben sein Leben, aber auch sein Werk geprägt. *In Wien* – das ist die Zeit ab 1781 bis zu seinem Tod, mit Blick auf die Gesellschaft, auf die Geschichte, die Kulturgeschichte.

insel taschenbuch 1695
Mozart
Leben und Werk

Wolfgang Amadeus

MOZART

Leben und Werk
in Texten und Bildern
Von Gernot Gruber
Insel Verlag

insel taschenbuch 1695
Erste Auflage 1995
Originalausgabe
© Insel Verlag Frankfurt am Main und Leipzig 1995
Bildquellennachweis am Schluß des Bandes
Vertrieb durch den Suhrkamp Taschenbuch Verlag
Umschlag nach Entwürfen von Willy Fleckhaus
Satz: Fotosatz Otto Gutfreund GmbH, Darmstadt
Druck: Nomos Verlagsgesellschaft, Baden-Baden
Printed in Germany

1 2 3 4 5 6 – 00 99 98 97 96 95

INHALT

MOZARTS WIRKUNG

Wie war Mozart wirklich, sehen wir ihn falsch, verstehen oder mißverstehen wir das, was er mit seiner Musik aussagen wollte?

Aus solchen Fragen spricht unsere Neugierde und auch unsere Hoffnung, etwas aufklären zu können, so daß nach Abtragen vielfacher Übermalschichten ein authentisches Mozart-Bild vor uns stünde. Diese Hoffnung ist freilich alt, und sie ist jeder Gegenwart auch wieder neu. Bei den zahlreichen Gedenkanlässen wurde sie stets mit besonderer Emphase angesprochen und zu verwirklichen gesucht. Was dabei entstand, war oft nicht mehr als ein Aufklärungsnebel. Aber es prägten sich gelegentlich auch klare Perspektiven aus, man fand den Punkt, von dem aus man Mozarts Musik spielen und ihn auch verstehen konnte. Diese Ansätze waren immer wieder neue Archimedische Punkte, völlig andere oder ein wenig verschobene, aber nie waren sie ›ewig gültig‹ in der ohnehin recht bescheidenen Zeitdauer von bisher 200 Jahren Wirkungsgeschichte.

In gewisser Weise sind unsere neugierigen Fragen also naiv, wir gelangen nicht zum Ziel eines So-ist-es-gewesen; dennoch brauchen wir die Suche danach. Hierin liegt die Dichotomie unseres Kunstverständnisses. Das heißt aber auch, wir haben sub specie aeternitatis mit unserem Lob für Mozart geradeso recht wie seine Kritiker in den 1780er Jahren, und der »apollinische« Mozart hat ebenso sein Existenzrecht in der Wirkungsgeschichte wie der »dionysische« und manch andere Mozarts. Unleugbar gibt es aber auch einen historischen Klärungsprozeß. Wir vertrauen darauf, daß die Geschichte ein Urteil spricht, so manche Modetorheit vergessen macht und das Wertvolle sich durchsetzen läßt. Auch im Falle Mozart folgten die sich ablösenden Interpretationen nicht zufällig aufeinander, und sie erbrachten auch Einsichten; aber andererseits ist dieser geschichtliche Verlauf grundsätzlich offen, und uns kann nicht der Reiz genommen werden, Mozart auch heute ganz anders und neu zu sehen.

Wirkungsgeschichte ist nicht bloß etwas Nachträgliches. Damals wie heute neigt die öffentliche Meinung dazu, jemanden auf bestimmte Fähigkeiten und Funktionen hin festzulegen, ja abzustempeln. Diese Art Trägheit, die jeglichen Wandel behindert, hat Mozart in besonders starkem Maße zu spüren bekommen. In einem Alter, in dem andere Kinder mit dem Schulbesuch beginnen, war Mozart schon auf dem Wege, eine europäische Sensation zu werden. Die Werbetätigkeit des Vaters und vieler Gönner war darauf gerichtet, den Zauber des Unerklärlichen in den Leistungen des Kindes zu betonen und damit eine Legende aufzubauen. Diese Legende wurde aber nach etlichen Jahren zur Belastung, als das Kind sich anschickte, eine Erwachsenenkarriere zu machen, bei der dieselbe Art Wunder nichts mehr bewirkt. Nur wenige Wunderkinder aus allen Zeiten haben diesen schwierigen Übergang geschafft. Vielleicht ist es das Erstaunlichste am Phänomen Mozart, daß aus dem Wunderkind der große Komponist hervorging.

Aber nicht nur die Trägheit der öffentlichen Meinung behinderte vieles, der notwendige Wandel führte auch zu Konflikten in viel intimeren persönlichen und beruflichen Beziehungen. An alten Ruhm und einstige überschwengliche Zuneigungen und Gunsterweisungen anzuknüpfen, ist immer schwer und erzeugt bei den Betroffenen schamvolle Reaktionen des Befremdens. Kaiserin Maria Theresia hatte den Sechsjährigen auf ihren Schoß gehoben und sich von ihm küssen lassen. Sie förderte die Familie Mozart nachdrücklich bei deren Auftritten. Aber als zehn Jahre später Vater Mozart für seinen Sohn eine Anstellung bei den Söhnen der Kaiserin in Florenz oder Mailand erreichen wollte, wurde dies als unpassende Zudringlichkeit empfunden. Die Kaiserin riet in einem vertraulichen Schreiben davon ab, unnütz herumziehende Leute zu beschäftigen. Bei Mozarts London-Aufenthalt 1765 ergab sich ein herzliches Verhältnis zu dem Komponisten Johann Christian Bach. Wieder wird, durchaus glaubhaft, von einer schönen Szene berichtet: Mozart sei auf dem Schoße Bachs gesessen und habe mit ihm zusammen Cembalo gespielt. Dreizehn Jahre später sahen sich die beiden in Paris wieder. Mozart berichtete seinem Vater enttäuscht davon, daß Bach ihn wohl sehr höflich, aber nicht in alter Herzlichkeit empfangen habe. Aus dem Kind von einst war eben ein Komponistenkollege geworden. Und am allerschwersten – bedenkt man, wieviel Sorgen und Erfolge Eltern und Kinder Mozart während der Wunderkindzeit aneinander gebunden hatten – mußte die Ablösung des Jünglings von seinen Angehörigen fallen. Seelische Blessuren waren da wohl unvermeidbar. Der Vater konnte nicht ohne Verbitterung hinnehmen, was ihm sein Sohn mit der Bitte um Verständnis vorhielt: Er sei nicht mehr der kleine Wolfgang, der ihm auf den Schoß springe und den Gutenachtkuß auf die Wange drücke.

Ob Mozart sich bei solchen Konflikten immer richtig

verhielt und ob er überhaupt besonders geschickt in der Gestaltung seiner Lebensumstände war, beschäftigt die Nachwelt immer wieder und mit schwankenden Urteilen. Wie dem auch sei, als Künstler hat er jedenfalls ohne merkliche Anzeichen von Verunsicherung seinen Weg verfolgt. Er ließ sich nicht einmal von seinem Vater, der in seinen Briefen der wichtigste Fachgesprächspartner war, zu Korrekturen seiner Ziele oder auch nur irgendwelcher Details aus einzelnen Werken bewegen. Ein schöpferischer Mensch muß wohl egomanisch veranlagt sein, doch das Verhältnis von künstlerischem Wagnis und Selbstsicherheit erscheint bei einzelnen Künstlern recht unterschiedlich gemischt. Anton Bruckner etwa, ein kühner Sinfoniker voll unbändigem Ausdrucksdrang, war doch leicht irritierbar und ließ sich von Freunden, Schülern und Dirigenten zu immer neuen Umarbeitungen seiner Werke bewegen. Mozart dagegen traute nur seinem eigenen Urteil wirklich. Als er in der kritischen Situation zu Beginn seiner Wiener Zeit an der für seinen kompositorischen Erfolg so wichtigen »Entführung aus dem Serail« schrieb, spielte er fertige Teile der Oper Freunden vor und erntete viel Lob. Doch er gab wenig darauf. In einem Brief an den Vater (8. 8. 1781) meinte er, wenig vom Urteil anderer zu halten, die das Ganze noch nicht kennen, sondern er »folge schlechterdings« seinen »eigenen Empfindungen«.

Diese Selbstsicherheit hat ihm auch geholfen, so manche zum Teil sehr herbe Kritik in den 1780er Jahren zu verkraften. Diese Kritik war ja nicht aus Böswilligkeit, sondern als Reaktion auf die Eigenwilligkeit der Kunst Mozarts entstanden, sie betraf ihn also im wesentlichen. Dem Briefwechsel mit seinem Vater können wir einen Konflikt zwi-

schen Kunstanspruch und dem »Popularen«, das der Vater wiederholt einmahnt, entnehmen. In dem entstehenden musikalischen Markt und bei dem langsamen Zurücktreten des feudalen Mäzenatentums mußte ein Komponist, wollte er Erfolg haben, sich auf die Bedürfnisse und Fähigkeiten eines breiten Publikums einstellen. Mozart war zu solchen Zugeständnissen – die ihm vermutlich viel Geld gebracht hätten – nur bedingt bereit. Leopold Mozart empfahl seinem Sohn wirkungsästhetische Ziele, die man mit der Gleichsetzung von natürlich – popular – leicht umschreiben kann. Dieser aber korrigierte die Ansicht ein wenig, jedoch in entscheidender Weise. In einem Brief wiederum aus der frühen Wiener Zeit, als er große pianistische Erfolge hatte, meinte er im Hinblick auf seine Klavierkonzerte KV 413, 414 und 415 (28. 12. 1782), »die Concerten sind eben das Mittelding zwischen zu schwer, und zu leicht – sind sehr Brillant – angenehm in die ohren – Natürlich, ohne in das Leere zu fallen –«. Das heißt aber: Das gute Mittelding ist eben nicht das Leichte, sondern etwas, das nicht in Gefahr gerät, ins Leere zu fallen. Entsprechend rigide hatte Mozart des öfteren die Musikhörer in drei Klassen eingeteilt: wie üblich in Kenner und Liebhaber, denen er noch als dritte Klasse die der »Esel« hinzufügte. Das obige Zitat hat deshalb auch folgende Fortsetzung: »hie und da – können auch kenner allein satisfaction erhalten – doch so – daß die nichtkenner damit zufrieden seyn müssen, ohne zu wissen warum.« Musik für »lange Ohren« wollte Mozart aber niemals schreiben.
Jedoch kritisierten Mozart nicht nur die »Esel«, sondern auch Kenner. Kritik und das Mozart ebensoviel gespendete Lob hatten eins gemeinsam: Stets wurden der »Reichtum«

und die Vielfalt seiner Musik anerkannt. Offen blieb nur,
was von diesem Reichtum zu halten sei. Die einen sahen in
ihm »Unnatürlichkeit«, »lauter verwürzte Kost«, Mängel
der Form und Verletzung der Gattungsnormen. Die Führung der Singstimmen in den Opern wurde als zu künst-
lich, der Orchestersatz als zu stark und kompliziert empfunden. In der Sinfonik vermißte man, im Unterschied
zum positiven Vorbild Joseph Haydns, »Einheit, Klarheit
und Deutlichkeit der Darstellung«. Die anderen bewun-
derten in denselben Phänomenen einen »wahren, unge-
borgten, ungekünstelten Ideenreichtum«.

Mozart war wohl nie, wie spätere Legenden vorgaben, ein
von den Fachleuten gemiedenes und von der Öffentlichkeit vergessenes und verkanntes Genie; eher bestand eine
gewisse Ratlosigkeit, die zu sehr unterschiedlichen, aber
engagierten Urteilen führte. Insgesamt wurde Mozart zu
Lebzeiten als ein Feuerkopf, mehr als Stürmer und Dränger denn als Klassiker angesehen. Das Nebeneinander von
Bewunderung und Zweifel kommt im Mozart-Artikel des
»Historisch-biographischen Lexikons der Tonkünstler«
(1790) Ernst Ludwig Gerbers besonders deutlich zum Ausdruck. Gerber spricht vom Wunderkindruhm, lobt den Pianisten und meint dann zum Komponisten: »Dieser große
Meister hat sich durch seine frühe Bekanntschaft mit der
Harmonie so tief und innig mit selbiger vertraut gemacht,
daß es einem ungeübten Ohre schwerfällt, ihm in seinen
Werken nachzufolgen. Selbst geübtere müssen seine Sachen mehrmals hören.« Und dann spricht er – ein Jahr vor
Mozarts Tod – die Hoffnung aus: »Ein Glück für ihn, daß
er noch jung, unter den gefälligen und tändelnden Wien-
schen Musen, seine Vollendung erhalten hat; es könnte ihn

sonst leicht das Schicksal des großen Friedemann Bachs treffen, dessen Fluge nur wenige Augen der übrigen Sterblichen noch nachsehen konnten.« 1813, anläßlich einer Neubearbeitung seines Tonkünstlerlexikons, bekannte Gerber freimütig seine einstige Unsicherheit ein: »Er war ein Meteor am musikalischen Horizonte, auf dessen Erscheinung wir noch nicht vorbereitet waren.«

Was in der Zwischenzeit geschehen war, schildern Mozart-Biographen gerne mit einem Ton der Erleichterung und als krönenden Abschluß ihrer Bücher: Endlich sei nun Mozart, wenn auch posthum, jener Erfolg beschieden gewesen, den er verdiente. Auch nüchtern betrachtet, hatte sich das Bild sehr gewandelt. In den 1790er Jahren standen wohl weiterhin Sinfonien und Kammermusik im Schatten von Haydn, doch die steigenden Ansprüche des bürgerlichen Musiklebens und des häuslichen Musizierens kamen den Werken Mozarts zugute. Als Klavierkomponist war er ohnehin stets geschätzt. Teilweise geradezu hektisch war die Entwicklung in der Opernrezeption. »Die Zauberflöte« wurde im Herbst 1791 spontan zum Erfolgsstück und damit zur letzten großen Lebensfreude Mozarts. Die Oper geriet später in eine Welle ansteigenden deutschen Nationalgefühls, doch schon zuvor und noch vor der Napoleonischen Bedrohung entstand eine »Zauberflöten«-Mode, über deren Heftigkeit im Weimarer »Journal des Luxus und der Moden« Köstliches zu lesen steht: »Sie ist nun schon seit einem Paar Jahren auf allen Bühnen und Buden, wo es nur noch anderhalb Kehlen, ein Paar Geigen, einen Vorhang und sechs Coulissen gab, unaufhörlich gegeben worden, hat die Zuschauer viele Meilen weit in die Runde, wie die Zaubertrommel eines Schamanen die Zoben an

sich gezogen, und die Theater-Cassen gefüllt. Für unsre
Notenstecher und Musikhändler war sie eine wahre Gold-
grube von Potosi; denn sie ist in allen Noten-Offizinen
theils ganz, theils en hachis in einzelnen Arien und Fragmenten, im Clavier-Auszuge, mit oder ohne Gesang variirt
und parodirt, gestochen und geschrieben herausgekom-
men, und auf allen Messen und Jahrmärckten zu haben.
Unsern Stadpfeifern, Prager-Musikanten, Bänkelsängern
und Marmotten-Buben hat sie Brod und Verdienst gegeben, denn auf allen Messen, in Bädern, Gärten, Caffee-
häusern, Gasthöfen, Redouten und Ständchen, wo nur
eine Geige klingt, hört man nichts als Zauberflöte, ja sie ist
sogar auf alle Walzen der Dreh-Orgel und Laterne-Magi-
que verpflanzt worden. Sie liegt auf allen Klavieren unsrer
lernenden und klimpernden Jugend; hat unsren großen und
kleinen Buben Papageno-Pfeifchen, und unsren Schönen
neue Moden, Coeffüren und Stirnbänder, Müffe und Ar-
beitsbeutel à la Papagena gegeben.« Die Begeisterung für
Mozart nahm solche Formen an, daß – nur drei Jahre nach
Mozarts Tod – sich bereits mahnende Stimmen gegen die
»allgemeine Vergötterung« erhoben. Doch so allgemein war
sie gar nicht. Vor allem blieb sie weitgehend auf Deutschland beschränkt. Erst nach 1800 stieg die Bekanntheit seiner Werke, mit recht unterschiedlichen Gewichtungen, in
anderen europäischen Ländern an.
Moden haben bei all ihrer Zudringlichkeit stets etwas in
einem tieferen Sinn Zielloses an sich. Sie fordern aber
heraus, über ein Phänomen nachzudenken und seine
Eigenart zu verstehen. Zu den faszinierenden Vorgängen
der Mozart-Wirkungsgeschichte der beiden Jahrzehnte
vor und nach 1800 gehört dieser Vorgang einer Vergewisse-

rung, der trotz widerstreitender Positionen zu etwas führte, was im heutigen Gelehrtenjargon Paradigmenwechsel heißt. Nur an einem Beispiel sei angedeutet, was gemeint ist: Der damals bekannte Berliner Komponist und Musikschriftsteller Johann Friedrich Reichardt hatte 1782 Mozarts Instrumentalmusik als »höchst unnatürlich« gerügt, weil es in ihr »erst lustig, dann mit einmahl traurig und straks wieder lustig hergeht«, ihr also der so wichtige einheitliche Charakter fehle. Zwanzig Jahre später erkannte er genau diesen Merkmalen einen »genialischen Zauber« zu. Was hatte sich verändert?

Mozart, den man zu Lebzeiten als einen Künstler in den »Brausejahren« gesehen hatte, war durch seinen Tod in den Augen der Zeitgenossen ein anderer geworden. Es ist mehr als Zufall, wenn in einem anonymen Nekrolog, noch im Dezember 1791 in der »Prager Oberpostamts-Zeitung« erschienen, erstmals vom »Klassischen« der Musik Mozarts die Rede ist. Das durch Mozarts plötzlichen Tod abgeschlossene Œuvre mag solch ein Urteil angeregt haben. Dahinter steht aber eine noch viel weitere Dimension. Besonders deutlich wird dies in der ersten umfangreichen Mozart-Monographie des mit Mozart gut bekannt gewesenen Prager Professors Franz Xaver Niemetschek. In dem 1798 veröffentlichten »Leben des k.k. Kapellmeisters Wolfgang Gottlieb Mozart« beklagte Niemetschek, daß die Musik wie keine andere Kunst »Sklave der Mode und des Zeitgeschmacks« sei. Tatsächlich ist noch im 18. Jahrhundert, als man Pompeji ausgrub und sich heftig stritt, ob der antiken oder der modernen Dichtung der Vorzug gebühre, die Musik als eine weitgehend geschichtslose Kunst betrachtet worden. Einen dem literarischen vergleichbaren

musikalischen Kanon von Meisterwerken gab es noch
nicht. Sein Entstehen in der Zeit um 1800 ist jedoch mit
der Rezeption der Werke Mozarts, Haydns, Händels, dann
Beethovens usw. verknüpft. Niemetschek spürte diese das
bloß Modische überwindende Kraft der Kunst Mozarts und
fragte rhetorisch weiter: »Wie viel klassischer Gehalt muß
also in den Werken Mozarts liegen, wenn ihre Wirkung von
dieser Erscheinung eine Ausnahme machet?« Er beant-
wortet sie vielfältig für jede der wichtigen musikalischen
Gattungen, doch mit einem klaren Ziel. Was Gerber kritisierte – Mozarts Musik müßten auch Kenner mehrmals
hören, um sie zu erfassen –, wird nun zum »Probirstein des
klassischen Werthes«, weil mit jedem nochmaligen Hören
die »Schönheit« dieser Musik steige. Diese Schönheit er-
klärt Niemetschek immer wieder durch Synthesen, etwa
der »größten Manigfaltigkeit und der strengsten Einheit«,
der Originalität und der Ökonomie im Aufwand, »der höchsten Kompositionskunst mit Lieblichkeit und Anmuth«. Er
bewundert unter dem Motto »reddere convenientia cuique«
die Fähigkeit des Opernkomponisten, »den Charakter jeder
Person, Lage und Empfindung aufs genaueste zu treffen« –
ignoriert aber die Möglichkeit, daß Mozart in seinen
Opern auch weltanschauliche oder gar konkret politische
Ziele verfolgt haben könnte. Mit einem Wort, bei Niemetschek finden wir ein historisch frühes und gut ausgepräg-
tes Paradigma für ein Mozart-Bild unter der Perspektive
klassischer Musikästhetik.

Dieses Paradigma hatte sich im frühen 19. Jahrhundert aber
nicht durchgesetzt und wurde von einem romantischen
Mozart-Bild überlagert. Bewirkt hat dies ein Verstehens-
prozeß, der (wie schon am Beispiel Reichardts angedeu-

tet) gerade jene Merkmale der Musik Mozarts, die zuvor
heftige Kritik hervorgerufen hatten, nun ins Zentrum
einer positiven Beurteilung rückte. Sehr früh hatte diesen
Wandel der Literat Franz Horn in seinen 1802 erschienenen »Musikalischen Fragmenten« klar zum Ausdruck gebracht. Horn kritisierte den von Schiller angeregten Versuch einer klassischen Musikästhetik durch Christian
Gottfried Körner (1795) und wagte im Hinblick auf Mozarts Opern die Maxime: »Mich dünkt, es sey die Aufgabe
des Compositeurs einer Oper, den Unterschied . . . zwischen Ethos (dem Festen, Ruhenden) und Pathos (dem Be-
weglichen, Vorübergehenden) . . . in seiner musikalischen
Darstellung zu verwischen« und »das Leben in der höchsten Potenz, die Freyheit, die zu etwas Nothwendigem geworden ist, das schrankenlos-Begränzte darzustellen«. Die
alten Forderungen nach Bestimmtheit der Gattung und
nach Darstellung einer Hauptempfindung in einem Mu-
sikstück und konkret die Schillersche Ästhetik mit ihrer
Akzentuierung des »Ethos« hat Horn damit auf den Kopf
gestellt.

Horn schwärmte vom »namenlosen Zauber, der wie ein lei-
ser Blüthenhauch aus dem Lande ›wo die Citronen blühn‹
über das Ganze schwebt« – und meint damit Mozarts
Opera seria »La Clemenza di Tito«. Die »Unbegreiflich-
keit« dieses Zaubers bezeichnete er als »religiös«; das zugleich so ›Lebensvolle‹ in diesen Opern, als ein Wechsel-
spiel von Komischem und Tragischem verstanden, machte
in seinen Augen allein Mozart würdig, mit Shakespeare,
dem Lieblingsdramatiker der Romantik, verglichen zu werden. Damit hat Horn jenes »romantische Reich« der Musik
angesprochen, das große Dichter von Tieck bis Eichen-

dorff immer wieder beschworen. Das schönste Produkt
mag E. T. A. Hoffmanns »Don-Juan«-Novelle (1814) sein.
Ihre Wirkung nicht nur auf die Literatur, sondern noch
mehr auf die Bühnenpraxis war über Jahrzehnte hin sehr
groß. Seit damals wurde aus dem gefühlvollen Mädchen
Donna Anna die Heroine. Hoffmanns Donna Anna ist vergeblich »vom Himmel dazu bestimmt . . ., den Juan in der
Liebe . . . die ihm innewohnende göttliche Natur erken-
nen zu lassen«; Don Juan in seiner Sehnsucht nach der
vollkommenen Liebe wiederum versinnbildlicht die Tra-
gik des romantischen Künstlers.

Von Mozarts Oper angeregt, faszinierte der Don-Juan-Stoff
auch die Nachfolger der Romantik in zum Teil radikalisie-
render Weise. Für Nikolaus Lenau (1844) war Don Juan
eine Personifizierung des romantischen Weltschmerzes,
aber fern aller Gedanken an das Göttliche, ein zum Über-
druß Getriebener, in Langeweile Mündender, der den Tod
sucht. Wirkungsgeschichtlich wichtiger sind die Deutun-
gen Sören Kierkegaards. Ohne sie wären die Inszenierungen von Mozart-Opern im Expressionismus des 20. Jahrhunderts kaum vorstellbar, wenngleich es Kierkegaard in
»Entweder/Oder« (1843) gar nicht um Werkinterpretationen, sondern um die Veranschaulichung dreier Stadien der
Existenz ging. Bei Behandlung der ästhetischen Existenz-
form kam er auf Opern Mozarts und dabei besonders auf
»Don Giovanni« zu sprechen. Don Juan wird weniger als
ein individueller Charakter denn als ein Dämon, als Inbe-
griff »begehrender Begierde« gesehen. Einerseits lobte
Kierkegaard diese Oper überschwenglich, andererseits
suchte er sich von seiner Faszination zu distanzieren und
stellte der ästhetischen die ethische und religiöse Existenz-

form kritisch entgegen. Ein in den Reaktionen großer Künstler und Denker auf das Phänomen Mozart immer wieder spürbares Erschrecken über dessen bodenlose Ambivalenz drängte Kierkegaard wie keinen anderen zur Entscheidung eines »Entweder/Oder« hin.

Das romantische Mozart-Bild mitsamt seinen späteren Radikalisierungen und Verzerrungen blieb nicht das einzig Bestimmende in der ersten Hälfte des 19. Jahrhunderts. Schon zu einem Zeitpunkt, als Mozarts Größe allgemeine Anerkennung fand, begann die Entwicklung auch über seine kompositorische und ästhetische Position hinauszugehen. In den Brennpunkt des Interesses traten zwei sehr unterschiedliche Komponisten: Rossini und Beethoven. Besonders in den 1820er Jahren löste Rossinis Opernmusik über ganz Europa hinwegziehende Wellen einer nur als frenetisch zu bezeichnenden Begeisterung aus. Beethoven und die Dynamik seiner kompositorischen Entwicklung, die zuletzt die Zeitgenossen völlig überforderte und zugleich faszinierte, wurden immer mehr zu einem Symbol des künstlerischen Fortschritts. Beethoven machte Mut, ihm zu folgen und Neues zu wagen. Mozart rückte in die Ferne. Aufführung und Lob seiner Werke drohten in der Zeit um 1830 zur Routine zu verflachen. Dagegen wehrten sich »Mozartianer«, die sich als Gegenpartei zu den »Beethovenern« sahen. Und aus einer Abwehr- und Verteidigungshaltung heraus entstanden zwei markante Impulse, die auf verschlungenen Wegen bis in unsere Gegenwart hinein wirken.

Zum einen wurde eine nach der Pariser Juli-Revolution sich verstärkende Aufbruchsstimmung und Neigung zur Monumentalisierung der Künste auf Mozart hin übertragen. Diverse hochgemute Mozart-Aktivitäten entstanden, Feste wurden gefeiert, Ausbildungsstätten und Bibliotheken gegründet, Denkmäler enthüllt. Einen Kulminationspunkt fanden diese Bestrebungen in Salzburg, wo aus Anlaß des 50. Todestages mit einjähriger Verspätung 1842 ein Denkmal errichtet und tatsächlich ein Zeichen für die Zukunft gesetzt wurde. Denn das von Fürsten halb Europas unterstützte Unternehmen leitete eine Entwicklung ein, die zum »Mozarteum« und später zu den Salzburger Festspielen führte. Ohne den damals forcierten Geniekult wären auch nachfolgende Gedenkfeiern großen Stils bis hin zum Jahr 1991 kaum vorstellbar. Zum anderen prägte sich erst nun der Begriff der »Wiener Klassik« voll aus. Das Wort von der »Trias der Wiener Klassik« sollte offensichtlich einen vorhandenen Konflikt überwölben und Beethoven stärker auf die Tradition hin rückbinden, als dies den »Beethovenern« lieb sein konnte.

Bei all dem ging es nicht bloß um Musik, sondern auch darum, ein Welt- und Menschenbild zu bewahren. Es genügt, einige Verse aus einem Gedicht Franz Grillparzers, das er »Zu Mozarts Feier« 1842 schrieb, zu zitieren, um die Zielrichtung zu verstehen:

> »Nennt ihr ihn groß? er war es durch die Grenze.
> Was er getan und was er sich versagt,
> Wiegt gleich schwer in der Schale seines Ruhms.
> Das Reich der Kunst ist eine zweite Welt,
> Doch wesenhaft und wirklich wie die erste,
> Und alles Wirkliche gehorcht dem Maß.
> Des sei gedenk, und mahne dieser Tag
> Die Zeit, die Größres will und Kleinres nur vermag.«

Vielleicht sogar gewollt kritisierte Grillparzer damit jenen
Mozart am Podest, für dessen Feier die Verse bestimmt waren. Außerdem verdeutlichen sie, wie schwer ein Ernst-
nehmen der Kunst Mozarts damals fiel. Kaum verwunderlich ist es daher, daß für das gründerzeitliche Bewußtsein
der zweiten Jahrhunderthälfte Mozart zu einer allgemein
anerkannten Quantité négligeable geworden war. »Don
Giovanni«, »Zauberflöte«, »Figaro«, g-Moll- und Jupiter-
Sinfonie, das d-Moll-Klavierkonzert und noch einige andere Werke wurden immer wieder aufgeführt; aber in der
bürgerlichen Repräsentation einer Musikvereinskunst und
in den aufgeregten Diskussionen der Kunstparteien Neu-
deutsche Schule und Klassizisten um Brahms war nicht
Mozart, sondern Beethoven der dominante Bezugspunkt.
Gestritten wurde darum, wer der wahre Beethoven-Nach-
folger sei. In einer Zeit, in der Musik ernst und erhaben
sein mußte und Humor und Heiterkeit in das künstlerische
Souterrain der Operettenwelt abgedrängt wurden, konnte
sich das Publikum schwerlich mit der Musik eines Mozart
vollständig identifizieren. Da Mozart aber längst zu den
Größen der Musikgeschichte zählte, lag es nahe, ihn in ein
unwirkliches Rokoko abzuschieben und ihn zugleich in
dieser Unwirklichkeit als einen Ganymed der Musik zu
verklären. An diesem Vorgang hatten sowohl die Trivialliteratur als auch die mit Otto Jahn und Ludwig Ritter von
Köchel sich etablierende Mozart-Forschung durch ihre
strikte Harmonisierung von Leben und Werk und durch
ihr Ausmerzen aller dunklen Flecken aus dem Bild
Mozarts gehörigen Anteil.
Symptomatisch ist auch die wohl bedeutendste Mozart-
Dichtung des 19. Jahrhunderts: Eduard von Mörikes No-

velle »Mozart auf der Reise nach Prag«. Gattungsge-
schichtlich ist sie eine spätbiedermeierliche Erzählung, wie
dies in idyllischen Schilderungen etwa der treusorgenden
Gattin Constanze und in der Betulichkeit des Erzählers
zum Tragen kommt. Aber in Idylle und beschauliche Heiterkeit brechen ganz andere Sphären ein, »die Töne aus
silbernen Posaunen, eiskalt, Mark und Seele durchschnei-
dend, herunter durch die blaue Nacht«. Damit ist konkret
die Komtur-Musik in »Don Giovanni« gemeint, aber ebenso ist diese Formulierung eingewoben in eine sensible Veranschaulichung der an Dämonie grenzenden Unbedingtheit des schöpferischen Menschen Mozart. Die Ambivalenz
der Kunst Mozarts, die andere in zwei Teile zerrissen haben, bleibt gewahrt, die Harmonie von Leben und Werk
aber, die andere verharmlosten, gerät in unterschwellige
Spannung. Der schwäbische Pfarrer Mörike war aber auch
kein Repräsentant der Höhe der Zeit, sondern war ihr in
seinem Außenseitertum überlegen.

Zeitgeist und öffentliche Meinung sind eine Sache, das Vermögen großer Künstler, die Kunst anderer zu verstehen,
eine andere. Wie sehr eine derartige Hellsicht das eigene
Selbstverständnis irritieren kann, zeigt sich bei kaum einem
Komponisten so deutlich wie bei Richard Wagner.

Wagner war ein umfassend reflektierender Künstler. Auf
seinem Weg von der Oper zum Musikdrama in den 1850er
Jahren benötigte er zur Selbstbestätigung offensichtlich
das Konstrukt einer Geschichtsphilosophie. Er profilierte
Beethoven als bestimmende Größe und sich selbst als Te-
stamentsvollstrecker des Sinfonikers Beethoven auf dem
Feld des Gesamtkunstwerkes. Mozart paßte nicht ins Sche-
ma, war aber doch als Musikergröße zu respektieren. In

diesem Dilemma entwarf Wagner ein extrem doppelge-
sichtiges Bild. Kritik konnte er an Mozart als einem historischen Phänomen des Rokoko üben: bis hin zum bösen Vergleich der Instrumentalmusik Mozarts mit dem Geräusch
des Servierens und Deservierens einer fürstlichen Tafel.
Loben konnte er Mozart nur, indem er ihn aus der Geschichte heraushob: als größten absoluten Musiker. Wagner verglich Mozart dann mit einem »liebenden Weib«.
Von einem guten Textdichter geleitet, habe er besonders im
»Don Giovanni« herrliche Musik geschaffen, bei einem
schlechten Libretto – wie angeblich in »Così fan tutte« –
nur wenig Bedeutendes zustande gebracht. Doch dabei
blieb es nicht. In späten Jahren kritisierte Wagner nicht
mehr Mozart, wohl aber mit erstaunlicher Rigidität die
Aufführungspraxis seiner Zeit; er hielt »Don Giovanni« für
letztlich in der Gegenwart unaufführbar. Gerne und wiederholt ließ sich der alte Wagner Musik Mozarts vorspie-
len. Und in seiner recht unklar geäußerten Hoffnung auf
die Sinfonie dachte er überhaupt nicht an die Monumen-
talsinfonie des ihn verehrenden Anton Bruckner, sondern
an eine helle, klare und unpathetische Musik. Das Ge-
schichtstelos in frühen Schriften »Oper und Drama« ist
überwunden und damit auch der Grund für eine Kritik an
Mozart.
Wagner scheint sich zuletzt dem Mozart-Bild seines Wi-
dersachers Nietzsche anzunähern und damit selbst erkannt zu haben, auf welche Weise seine eigene Kunst zu
überwinden wäre. Wagner, dieses Gebirge in der musikalischen Landschaft, zu umgehen, war die vordringlichste
Aufgabe der Musiker im ausgehenden 19. Jahrhundert.
Nietzsche hatte den nötigen Paradigmenwechsel schon in

den späten 1870er Jahren dadurch vollzogen, daß er Mozart verstärkt ins Spiel brachte, ohne ihn tierisch ernst zu
nehmen und wie gebannt einseitig auf den »Don Giovanni« zu blicken. Er fragte vielmehr, ob eine Musik- und
Aufführungspraxis des »Hochreliefs . . . nicht ganz eigentlich eine Sünde wider den Geist sei, den heiteren sonnigen
zärtlichen leichtsinnigen Geist Mozart's, dessen Ernst ein
gütiger und nicht ein furchtbarer Ernst ist, dessen Bilder
nicht aus der Wand herausspringen wollen, um die An-
schauenden in Entsetzen und Flucht zu jagen. Oder meint
ihr, Mozartische Musik sei gleichbedeutend mit ›Musik
des steineren Gastes‹?«

1887 – zum Gedenkanlaß 100 Jahre »Don Giovanni« –
lobte Ferruccio Busoni ausgerechnet das Absolut-Musi-
kalische Mozarts und jene Architektur der Instrumentalmusik, die Wagner einst bekrittelt hatte. Das war eine Pro-
vokation der Wagnerianer, die sich in den Jahren nach
des Meisters Tod ohnehin verunsichert fühlten. Verschärft
wurde sie durch die Parole »Vorwärts zu Mozart« des Dirigenten und Komponisten Felix Weingartner. Die Alter-
native »Wagner versus Mozart« wurde viel diskutiert und
übte eine beachtenswerte Funktion bei der Etablierung der
musikalischen Moderne im öffentlichen Bewußtsein aus.
Die in die Defensive gedrängten Wagnerianer schlugen zurück. Einer ihrer Vertreter, Paul Zschorlich, verabreichte
seinen Gegnern mit dem Buch »Mozart-Heuchelei« ausgerechnet zu Mozarts 150. Geburtstag 1906 eine besonders
kräftige Ohrfeige. Vieles an Zschorlichs Gesellschaftskritik
ist noch heute aktuell: etwa seine Hiebe gegen die »Kalen-
derbegeisterung«, mit der Unterlassungssünden hinweg-
gefeiert werden, oder seine Frage, was denn die Jubiläums-

feierlichkeit mit der Hast des Lebens, dem angespannten Geschäftssinn und der künstlerischen Zersplitterung seiner Gegenwart gemeinsam habe. Gerade in Erscheinungen eines solchen Traditionalismus positiv eine Stützfunktion gegen eine drohende Orientierungslosigkeit zu sehen, wie dies heute der Philosoph Hermann Lübbe tut, kam Zschorlich nicht in den Sinn. Beinahe schon anachronistisch wirkt jedoch seine Ansicht, daß nur von Wagner her eine Zukunft der Musik zu erwarten sei. Tatsächlich sollte sich diese kompositorische Zukunft als weder wagnerianisch noch mozartisch erweisen.

In der Rezeption der Musik Mozarts hat sich aber Entscheidendes geändert. Vor 100 Jahren setzte eine Entwicklung ein, die in der enormen Bewunderung Mozarts in unserer Gegenwart mündet. Neben dem angedeuteten ideengeschichtlichen Wandel war es vor allem einer der musikalischen Aufführungspraxis, der große Auswirkungen hatte. Im Zentrum des Interesses stand die Oper, und innerhalb der Opern Mozarts war es »Così fan tutte«, die völlig neu beurteilt wurde. Von einer Mozart unwürdigen »tändelnden« Rokoko-Belanglosigkeit wurde sie nun zu einer Opera buffa, in der durch Esprit und Heiterkeit hindurch abgründige Verwirrungen der Gefühle sichtbar werden. Diese Umdeutung war die Leistung der Münchner Mozart-Renaissance durch Ernst Possart, Hermann Levi und Richard Strauss (der »Così« bald auch in Wien und Berlin dirigierte). Heftige Diskussionen löste auch die »Don Giovanni«-Neuinszenierung 1897 aus. Possart hielt sich an die Fassung der Prager Uraufführung, ließ wohl erstmals im 19. Jahrhundert das Schlußsextett nach der Höllenfahrt Don Giovannis wieder spielen und machte mit

seiner Absicht ernst, den »Don Giovanni . . . nach hundert
Jahren in seiner ursprünglichen Echtheit und Reinheit
wieder erstehen zu lassen«.

Im selben Jahr 1897 feierte Gustav Mahler sein Debüt an
der Wiener Hofoper noch mit Wagners »Lohengrin«. Doch
die Opern Mozarts wurden für Mahler und seinen Büh-
nenbildner Alfred Roller zu einer besonderen, nicht zuletzt
von München her angeregten Herausforderung. Die aufklärerische, ad fontes gehende Gesinnung Possarts war
dem souveränen Künstler Mahler fremd. Er bearbeitete
die Partituren Mozarts in einem uns erstaunenden Ausmaß
und vertrat überhaupt musikdramatische Vorstellungen,
die eher an Wagner als an die der Mozart-Zeit erinnern.
Mahler nahm aber Mozart ernst, bemühte sich um eine
moderne Regie und experimentierte nach verschiedenen
Richtungen hin. Der »Don Giovanni« war für ihn immer
noch eine Tragödie, »Die Zauberflöte« eine Mysterien-
oper, »Figaro« und »Così fan tutte« repräsentierten jedoch
eine Gegenwelt zur Moderne.

So zeigen die beiden Renaissancen von München und
Wien kein einheitliches Bild. Versuche, Altes zu rekonstru-
ieren und Modernes heranzuholen, laufen nebeneinander
oder überkreuzen sich. Auch wurde Mozarts Musik nicht
nur mit Nietzsches Sehnsucht nach dem »Südländischen«
und Heiteren verknüpft, sondern auf der anderen Seite
wurde das »Dämonische«, Jahrzehnte nach Kierkegaard,
neu entdeckt. Eines war aber erreicht worden: Mit gutem
Gewissen konnte man Mozart nicht mehr verharmlosen
und seine Musik als eine Art Einspielstück verwenden.

Regiekonzepte und musikalische Interpretationen aus
dem ersten Drittel unseres Jahrhunderts können wir nicht

oder nur ungenügend nachvollziehen, da die technischen Medien noch wenig entwickelt waren. So geben uns vielleicht Dichtungen den besten Einblick in das, was Mozart dem modernen Menschen von damals bedeuten konnte. Als besonders geeignet erscheint Hermann Hesses Erzählung »Der Steppenwolf« (1927), weil in ihr die Krisis der Zeit nach dem Ersten Weltkrieg mit der Schärfe eines Zerrspiegels dargestellt wird. Schon die vom Protagonisten Harry Haller selbst empfundene Spaltung zwischen »Wolf« und »Mensch« erinnert vage an die beiden Extreme des damaligen Mozart-Bildes, das »Dämonische« und das Humane und Heitere. Doch Mozart tritt in der Erzählung selbst auf und hat eine ganz andere, der modernen Krise überlegene Position. In die Traumwelt des »magischen Theaters« führt Hesse mit deutlicher Anspielung an Mörikes berühmtes Wort über die Komtur-Musik des »Don Giovanni« Mozart mit ebendieser Musik ein, »aus dem Jenseits, von den Unsterblichen«. Mozart mit seinem »hellen und eiskalten Lachen« wird zur Personifizierung seiner eigenen Musik. Er verurteilt die gesamte nach ihm komponierte Musik, die von Brahms ebenso wie die Wagners, er spottet, lacht und »schlägt Triller mit den Beinen«. Haller packt Mozart am Zopf, der fliegt aber davon, der Zopf wird zum Kometenschweif, an dem hängend Haller sich durch die Welt gewirbelt fühlt, bis er das Bewußtsein verliert. Der nicht festzuhaltende Mozart gehört einer »imaginären, aber souveränen Welt, der des Humors« an.

Die Unfaßbarkeit Mozarts ist eine Grundfigur selbst in den Bekenntnissen großer Musiker und Denker. Wie einst Nietzsche, so veranschlagt nun Ernst Bloch in »Geist der Utopie« den Stellenwert der Musik Mozarts sehr hoch, aber nimmt doch kaum je auf Einzelheiten konkret Bezug. Fachmännisch äußern sich aber auch die Komponisten selten. Debussy oder Busoni hatten der Entwicklungslinie Gluck-Beethoven-Wagner Mozart entgegengehalten, blieben dabei aber im Vagen. Schönberg gibt genau an, was er Mozart verdankte: »prosa-ähnliche« Unregelmäßigkeiten im Themenbau, die thematische Verknüpfung unterschiedlicher Elemente, die Kunst des Überleitens und das Erfinden von Nebengedanken. Doch wer das Mozartsche Vorbild in Schönbergs Kompositionen festmachen will, steht vor kaum überwindbaren Schwierigkeiten. Richard Strauss hatte sich als Jüngling einst nur zu Wagner bekannt und konnte Leute, die Musik Mozarts schön fanden, gar nicht verstehen. Dann wurde er zum großen Mozart-Dirigenten und versuchte, sich in eigenen Opern, besonders im »Rosenkavalier« und in der »Frau ohne Schatten«, Mozart kompositorisch anzunähern, und sprach von einer »platonischen Idee« – die eben ihrem Wesen nach im konkreten Gegenstand ungreifbar bleibt.

Ein praktischer Grund für diese Unfaßbarkeit liegt auch darin, daß Mozarts Œuvre noch immer nicht von Musikern und Hörern wirklich überblickt wurde. Bei den Opern beschränkte man sich auf die Reihe von »Entführung« bis »Zauberflöte«; »Idomeneo« und »Titus« wurden selten gespielt oder glücklos bearbeitet. Aber auch die schon immer als proteushaft empfundenen Unterschiede zwischen den »Meisteropern« irritierten. Wohl wurden seit den Gedenkjahren um die Jahrhundertwende Initiativen ergriffen, um die Instrumentalmusik in größerem Umfang ins Repertoire zu bekommen – selbst bei den Klavierkonzerten war dies noch nötig – und auch die vor Mozarts Wiener Zeit entstandenen Werke mehr als bisher bekannt zu machen. Doch der große Durchbruch gelang noch nicht. Um weniger Bekanntes bemühte sich im Rahmen der nach dem Ersten Weltkrieg entstandenen Salzburger Festspiele der Dirigent Bernhard Paumgartner – und wurde dafür von prominenten Kollegen wie Richard Strauss vielfach angefeindet. Nichtsdestoweniger erwiesen sich die Salzburger Festspiele als ein Ort des panoramatischen Überblicks über die zeitgenössische Mozart-Interpretation. Einheitlich war diese durchaus nicht, wie Schallplattenaufnahmen aus den 30er und 40er Jahren etwa von Dirigenten wie Bruno Walter, Arturo Toscanini, Fritz Busch oder Sir Thomas Peecham beweisen. Auffällig sind hier wie auch bei Aufnahmen mit damaligen Kammermusikensembles die sehr raschen Tempi. In den »zehn goldenen Regeln« für junge Kapellmeister von Richard Strauss lautet die neunte: »Wenn du glaubst, das äußerste Tempo erreicht zu haben, so nimm das Tempo noch einmal so schnell.« Später, 1948, stand Strauss nicht mehr dazu und ergänzte: »Möchte ich heute dahin abändern, so nimm das Tempo halb so schnell (An die Mozart-Dirigenten!).« Immer schon gegen verhetzte Mozart-Tempi war Wilhelm Furtwängler eingestellt. Aber alles in allem scheint man – im bewußten Gegensatz zum 19. Jahrhundert – Mozart aufgeregter, expressiver, teilweise dem sogenannten »Bayreuther Aufführungsstil« angenähert interpretiert zu haben.

Andere Qualitäten der Musik und des Musiktheaters Mozarts wurden in vorbildlicher und einzigartiger Weise bei den Festspielen von Glyndebourne herausgearbeitet. Die Geschichte dieses Antifestivals ist in jeder Weise bezeichnend: Ausgangspunkt waren Salzburg und die dort um den

Dirigenten Fritz Busch sich bildende Gruppe von Künstlern, die Mozarts Musik frei von aller Monumentalität und Erhitzung realisieren wollten. 1933 verließ Busch Deutschland und fand in der Sopranistin Audrey Mildmay eine Mäzenin für seine Mozart-Unternehmung. 1934 wurde mit »Le nozze di Figaro« in italienischer Fassung und ohne Gesangsstars das Glyndebourne-Festival eröffnet. Es wurde für Kenner rasch der wahre Ort einer Mozart-Renaissance; ähnlich geschliffene und lebendige Aufführungen waren nirgends sonst in der Welt zu hören und zu sehen.

Die Entwicklung der Mozart-Rezeption verfolgt im 20. Jahrhundert drei deutlich erkennbare Ziele: Mozarts Œuvre insgesamt und weltweit zu präsentieren, die »Werktreue« in Edition und Aufführungspraxis als Leitmaxime durchzusetzen und die lange allzu harmonisierte Persönlichkeit Mozarts historisch und philologisch zu hinterfragen, um zu einem neuen Bild von ihr zu gelangen. Wenngleich die entscheidenden Impulse schon vor dem Ersten Weltkrieg erfolgten, erwiesen sich die Verwirklichung doch als schwierig und die Perspektiven als noch uneinheitlich. Dies änderte sich nach 1945 nicht schlagartig, aber nachhaltig.

Das erste der drei Ziele ist heute in hohem Maße erreicht. Das Mozart-Jubiläum 1956 brachte eine Internationalisierung der Aktivitäten wie nie zuvor und löste auch neue Entwicklungsschritte aus. Pars pro toto als vorbildlich sind die von der Internationalen Stiftung Mozarteum in Salzburg eingerichteten alljährlichen Mozart-Wochen anzusehen; vor allem deshalb, weil es deren erklärtes Ziel ist, möglichst alle Werke Mozarts zum Erklingen zu bringen. Die sich damit von selbst ergebende Gewichtung auf Ju-

gendwerke und auch auf Entlegenes, wie etwa Mozarts
Bearbeitungen von Händel-Oratorien, fand nicht nur Zu-
stimmung, sondern führte auch zur kritischen Frage, ob
denn all dies nötig sei und damit dem Ruhm Mozarts
gedient werde. Schritt für Schritt wurden auch die nicht
selten aufwendigen Jugendopern Mozarts, zunächst in
konzertanten Aufführungen, der Praxis wieder zugänglich
gemacht. Die Einsicht, daß es sich bei diesen nicht bloß um
konventionelle Nebenwerke, sondern um einen ebenfalls
faszinierenden, wenngleich etwas anderen Mozart handle,
konnte sich nur durchsetzen, weil hervorragende Solisten
und Ensembles sich dieser teilweise sehr anspruchsvollen
Musik annahmen. Die Internationalität der Mozart-Pflege
erreicht gegenwärtig einen Stand, dessen weitere Steige-
rung kaum mehr wünschenswert sein kann. Mozart-Festi-
vals und Mozart-Kongresse wurden 1991 von Los Angeles
über Wien bis nach Wellington in Neuseeland vielerorts
veranstaltet; allein an manchen hervorragenden »Mozart-
Städten« gab es vier und mehr Kongresse, ebenso viele
Ausstellungen und unzählige Konzerte und Opernaufführungen.

Die sicher positiv zu bewertende Tendenz in Richtung auf
eine Gesamtpräsenz des Œuvres hat entsprechende Werk-
ausgaben zur Voraussetzung. Schon im späteren 19. Jahrhundert wurde eine erste Gesamtausgabe erarbeitet – sie
fand aber wenig Verbreitung und war vor allem nicht im-
stande, die Aufführungspraxis zu ändern und die ursprünglichen Intentionen Mozarts durchzusetzen. Inzwischen hat
sich allgemein bei den Musikern so etwas wie eine »Urtext«-
Gesinnung herausgebildet. Speziell wurde seit den 50er
Jahren eine Neue Mozart-Ausgabe mit modernen wissen-

schaftlichen Methoden erstellt. Für die erfreuliche Akzep-
tanz eines annähernd originalen Notentextes spricht die
bisher beispiellose Tatsache, daß 1991 sogar eine Taschenbuchausgabe dieser Gesamtausgabe verlegerisch gewagt
werden konnte. Mit den Noten änderte sich vor allem aber
der Aufführungsstil. Das Paradigma für den Wandel gibt
der zäh erkämpfte, nun aber weltweite Erfolg des Dirigenten Nikolaus Harnoncourt ab. Sensation machten auch
einige auf die »historische Aufführungspraxis« speziali-
sierte englische und holländische Ensembles. Wurde Mozart im Grunde schon seit dem frühen 19. Jahrhundert stets
rückblickend, von der Position eines Beethoven, dann eines
Wagner aus musiziert, so etablierte sich nun eine Richtung,
die, von der Beschäftigung mit Barockmusik ausgehend, die
Brisanz der Musik Mozarts zu fassen sucht. Was wir heute
erleben, ist ein Pluralismus der Aufführungsstile, dessen
einzelne Stränge aber nicht beziehungslos nebeneinander
herlaufen. Vielmehr ist unüberhörbar, daß einerseits tradi-
tionsbewußte Ensembles und Solisten Mozart viel lebendi-
ger und durchsichtiger als früher musizieren, die »Werk-
treuen« aber ihre alte, oft etwas sterile Rigidität ablegen und
erstaunlich dramatisch singen und spielen.
Wandel zeichnet auch die jüngste Interpretationsge-
schichte der von der Öffentlichkeit stets als zentral angesehenen Opern Mozarts aus. In den letzten Jahrzehnten
hinkte diese spezielle Entwicklung zweifellos der allgemei-
nen des Regietheaters nach. Die provokante Regiearbeit an
Werken Shakespeares oder Goethes fand nicht sogleich
Pendants auf der Opernbühne. Aber auch innerhalb dieses
Bereichs erstaunt, daß Innovation und Werkstattgedanke
sich etwa bei den Bayreuther Wagner-Festspielen viel nach-

haltiger durchzusetzen vermochten als bei der Mozart-Interpretation, von der bei den Salzburger Festspielen ganz zu schweigen. Dabei setzte die Mozart-Rezeption unseres Jahrhunderts ja gerade mit Neuerungen in der Opernregie ein. Einen noch heute aktuellen Standpunkt vertrat schon 1917 Eugen Kilian, als er forderte, daß »unbedingte Pietät nur gegenüber der Musik geboten, . . . in allen textlichen, dramaturgischen, dekorativen Fragen aber der gewaltige Unterschied der Zeiten zu beachten sei«. So recht verwirklicht wurde dieser Appell erst in den letzten zehn Jahren, wobei die Publikumswiderstände immer noch entschieden größer sind als etwa bei entsprechenden Inszenierungen von Wagners »Ring des Nibelungen«.

Als Grund dafür vermute ich neben der üblichen Trägheit des öffentlichen Bewußtseins die Eigenart unserer Bewunderung für Mozart. Von Mozart in geradezu magischer Weise etwas zu erhoffen, was weit über das hinausreicht, was Kunst üblicherweise zu leisten vermag, ist nichts Neues. Schon vor 175 Jahren hatte Franz Schubert seinem Tagebuch anvertraut: Mozarts Musik zeige »uns in den Finsternissen dieses Lebens eine lichte, helle, schöne Ferne, worauf wir mit Zuversicht hoffen«. Vor 50 Jahren, zu einer Zeit, als der Nationalsozialismus Mozart zum 150. Todestag als deutschen Künstler pries, schrieb Alfred Einstein in der Emigration sein berühmtes Mozart-Buch. Das Vorwort datierte er mit 9. Mai 1945. Weder von Bitterkeit noch von Erleichterung über das Ende des Krieges, nur von einem Mozart fern von all dem ist die Rede. Der Schlußsatz des Buches lautet: »Es ist, als ob der Weltgeist habe zum Ausdruck bringen wollen, daß hier reiner Klang sei, geordnet zu einem schwerelosen Kosmos, Überwindung alles chao-

tischen Erdentums, Geist von seinem Geiste.« Vielleicht
noch erstaunlicher ist das Verhalten eines großen Skepti-
kers wie Thomas Bernhard: Was nicht alles, was mit Salzburg oder Wien zu tun hatte, erregte seinen Zorn – nur
Mozart nicht. Bernhard geriet wohl nicht ins Schwärmen –
Schwärmerei verachtete er –, aber Mozarts Musik war
auch ihm ein Rettungsanker, Inspirationsquelle, ja sogar
Versöhnung. Und kurios mutet an, was der Nobelpreisträ-
ger und Physiker Dennis Gabor und der Zukunftsforscher
Robert Jungk sehr ernst meinen: Sie proklamierten das
Jahr 1991 zum Jahr »für eine mozartische Zukunft«. Diese
Zukunft bestünde wohl in einer Welt voll Macht der Har-
monie, mit einem ins Universale gehobenen und auf Mo-
zart projizierten Orpheus-Mythos.

Insofern hat sich also zuletzt wenig an dem Mozart-Bild
geändert. Die Charakterisierung seiner Persönlichkeit ist
aber heute eine ganz andere als vor 20 Jahren. Im Unterschied zur Werkkenntnis und Aufführungspraxis hat an
diesem Wandel die Mozart-Forschung nur einen geringen
Anteil. Bilder können eben nur durch Bilder ersetzt werden. Wenn auch mit psychoanalytischen Kenntnissen, so
doch nur aufgrund seiner bildmächtigen Sprache und
künstlerischen Gestaltungskraft konnte Wolfgang Hildesheimer mit seiner Sicht Mozarts große Wirkung erzielen.
Hildesheimers Mozart ist ein »dionysischer«. Seit 1956 in
vierfachen Anläufen hat er schließlich 1977 einen Groß-
essay vorgelegt, in dem er wohl beharrlich gegen den alten
»apollinischen« Mozart polemisiert und ein sich seiner
selbst unbewußtes und unbedingt seiner Kunst lebendes
Genie propagiert, aber im Kern seiner Phänomenbeschrei-
bung doch betont, daß wir ein Genie nicht zu verstehen

vermögen. Diese Einsicht Hildesheimers ging in zwei Nachfolgewerken, Peter Shaffers Drama und Milos Formans Film »Amadeus«, verloren. Doch aufgrund der damit erreichten Griffigkeit und auch aufgrund der unleugbaren Qualität von Drama und Film konnte Mitte der 8oer Jahre eine »Amadeus«-Welle entstehen, die uns das Bild Mozarts veränderte.

Nur dem Historiker ist bewußt, daß dieser »Amadeus« nicht so neu ist, wie das empfunden wird. Der Gegensatz zwischen »dionysischem« und »apollinischem« Mozart ist als Denkfigur durchaus der Grundhaltung im Mozart-Verständnis von vor 200 Jahren ähnlich. Auch damals stritt man, ob Mozart ein »Stürmer und Dränger« oder ein »Klassiker« sei. Das Fazit der Wirkungsgeschichte könnte aber sein: Er war beides. Jahre nach Abschluß seines Buches bekannte Hildesheimer: »Heute sehe ich ihn sowohl dionysisch als auch apollinisch, sofern ich ihn überhaupt sehe.« Diese Ambivalenz eines Sowohl-Als-auch ist viel weniger griffig als ein Entweder-Oder, egal, ob wir an die Person oder an die Musik Mozarts denken. Seiner Musik wurde immer schon der »Ideenreichtum« zuerkannt. Stets aufs neue aber müssen wir das Wörtchen »und« akzeptieren lernen: zwischen Ernst und Heiterkeit, Direktheit und ironischer Distanz, Schlichtheit und hohem Anspruch, Experimentierlust und Ausgewogenheit.

GROSSBRITANNIEN

London

NIEDERLANDE

Den Haag

Rotterdam

Dünkirchen

Antwerpen

Calais

Brüssel

Köln

Aachen

Koblenz

ÖSTERR.
NIEDERLANDE

Mainz

Mannheim

Paris

Straßburg

FRANKREICH

Zürich

SCHWE

Lausanne

Genf

Lyon

Mailand

Crem

*Orte, die Mozart bei seinen
Reisen 1762 bis 1781 vor seiner
Wiener Zeit besuchte.*

POLEN

UTSCHES REICH

BÖHMEN

● Prag

ÖSTERREICH

rt/Main

erg

gsburg
● ● München   ● Passau
● Salzburg   ● Wien
● Innsbruck

UNGARN

Bozen ●

● Verona   Venedig
Mantua ● ● Padua
na ● Modena
ologna ●
● Rimini
● Florenz   ● Ancona
● Siena

ITALIEN

● Rom

Neapel ●

SALZBURGER JAHRE

Vielleicht ist das Urteil zu pauschal, Mozart sei in Salzburg
unglücklich gewesen. Seine ersten siebzehn Lebensjahre
verbrachte er im heutigen Haus Getreidegasse 9 – sofern er
nicht auf Reisen war. Hier hatte er seine Kindheit in Fami-
lienharmonie und in einem großen Freundeskreis ver-
bracht und zwischen den Wunderkindauftritten in der großen Welt Behaglichkeit genossen. Nach der Pubertät und
in seinem übermächtigen Drang, sich als Komponist zu
entfalten und berühmt zu machen, empfand er das schöne
Salzburg und seine gesellschaftliche Situation immer be-
engender. Mit den Wohnverhältnissen (ab 1773 im Tanzmeisterhaus) hat diese Entwicklung aber nichts zu tun.
Das (bereits 1408 erwähnte) Haus und der »Löchelplatz«
haben sich bis heute wenig verändert. Der Besitzer Johann
Lorenz Hagenauer war ein reicher Kaufmann und Inhaber
der Spezereiwarenhandlung im Erdgeschoß des Hauses.

Die im Zentrum der Stadt gelegene Getreidegasse und
besonders Mozarts Geburtshaus sind heute eine Touristen-
attraktion ersten Ranges. Seit über 100 Jahren ist die ehemalige Wohnung der Familie Mozart als Museum eingerichtet. 1917 von der Internationalen Stiftung Mozarteum
erworben, wurde das ganze Haus zu einer Gedenkstätte
umgestaltet. Die Spezereiwarenhandlung blieb bestehen.

Das Klischee von den ärmlichen Verhältnissen, in denen
die Familie Mozart gelebt habe, trifft die Realität nicht.
Wie aus dem Bild ersichtlich, sind wohl die Räume der ehemaligen Mozart-Wohnung recht niedrig. Die vom Hausherrn Hagenauer bewohnten unteren Stockwerke sind groß-
zügiger angelegt. Aber für das jungvermählte Paar war die
Dreizimmer-Etage in guter Lage ein durchaus respektabler Anfang. Die von Leopold Mozart stets angestrebten
Kontakte zu gehobenen bürgerlichen Kreisen wurden durch
dieses Ambiente und die Freundschaft zu Hagenauer erleichtert. Daß in den eng aneinandergereihten, hohen
Häusern einer damaligen Stadt die Wohnverhältnisse anders als etwa 100 Jahre später bei den Großbürgern der
Gründerzeit waren, versteht sich von selbst. Eine Vorstellung davon gibt uns die rekonstruierte Salzburger Bürger-
wohnung in Mozarts Geburtshaus. Schwieriger wurde die
Situation für das junge Paar erst, als Kinder kamen. Es waren deren sieben, doch bei der damals hohen Kindersterb-
lichkeit blieben nur zwei am Leben: die am 30. Juli 1751

geborene Maria Anna Walburga Ignatia, das »Nannerl«, und der am 27. Januar 1756 um 8 Uhr abends geborene und am Vormittag darauf im Dom getaufte Joannes Chrysostomus Wolfgangus Theophilus. Ort der Geburt war das oben abgebildete Zimmer.

Zur heutigen Museumseinrichtung dieser Wohnung (die ehemals aus Küche, Kabinett, Wohn-, Schlaf- und Arbeitszimmer bestand) zählen diverse Erinnerungsstücke, Urkunden, Autographen und Bilder. Dem Musiker Mozart am nächsten kommen freilich die Musikinstrumente aus seinem Gebrauch: seine »Kindergeige« (die der Sechsjährige in Wien als Geschenk erhalten hatte und die er wegen ihres vollen Tones »Buttergeige« nannte), die »Konzertgeige« (eine Mittenwalder Arbeit) und Bratsche (ein Instrument aus dem frühen 18. Jahrhundert), sein Konzertflügel (ein von Johann Walter in Wien um 1780 gebautes Instrument) und ein Clavichord (auf dem Mozart in seinem letzten Lebensjahr u. a. die »Zauberflöte«, »La clemenza di Tito« und das »Requiem« komponiert haben soll). Die Räume dieser Wohnung waren auch der Ort, an dem Mozart seine ersten musikalischen Eindrücke erhalten hatte und seine ersten kompositorischen Versuche und viele seiner Jugendwerke entstanden.

Mozarts Vater Leopold wurde am 14. November 1719 in
Augsburg geboren. Seiner Familie, die sich bis ins 14.
Jahrhundert zurückverfolgen läßt, entstammen Handwer-
ker und Baumeister, aber zuvor noch keine Musiker. Warum der 18jährige nach Besuch der Jesuitenschule in Augsburg nicht die Jesuiten-Universität in Ingolstadt bezog,
sondern sich für die der Benediktiner in Salzburg entschied, wissen wir nicht. Sein Abgang von zu Hause war
ein endgültiger; das Verhältnis zu seiner Verwandtschaft,
selbst zu seiner Mutter, blieb schlecht. Nach erreichtem
Baccalaureat der Philosophie begann er ein Jurastudium,
wandte sich aber bald ganz der Musik zu. Eine erste Anstellung fand er, offiziell als Kammerdiener, beim Salzbur-

ger Domherrn Johann Baptist Graf Thurn-Valsassina und
Taxis, dem er 1740 sein erstes gedrucktes Werk widmete.
1743 wurde er zunächst als vierter Violinist in die Salzburger Hofkapelle aufgenommen, der er durch 44 Jahre bis zu
seinem Tode angehörte. Die erreichte sichere Stellung er-
möglichte es ihm, sich ganz in Salzburg zu etablieren und
seine Jugendfreundin Anna Maria Pertl zu heiraten. Auch
gegenüber der Familie seiner Frau hielt er sich zurück und
war im Umgang mit Kapellkollegen recht wählerisch. In
Freundschaft verbunden war er von diesen im Grunde nur
dem Trompeter Andreas Schachtner, einem vielseitig ge-
bildeten Musiker, der auch als Dichter reüssierte. Gesucht
hat Mozart dagegen die Gesellschaft mit gehobenen bürgerlichen Familien. Vielen mag Leopold Mozart daher als
stolz erschienen sein. Selbstbewußt und kritisch war er jedenfalls. In vielen seiner Äußerungen ist er ein nüchterner
Vernunftmensch und Aufklärer. Diese Seite seiner Persönlichkeit vertrug sich aber problemlos mit seinem religiösen
Gottvertrauen, das sich in schwierigen Situationen seines
Lebens offensichtlich bewährte. Er war bei Hofe und in der
Salzburger Gesellschaft sehr angesehen. 1763 ist er zum
Vizekapellmeister bestellt worden; sein Berufsziel, das Ka-
pellmeisteramt, hat er jedoch nicht erreicht. Die Enttäu-
schung darüber konnte er nie überwinden.

Versuch
einer gründlichen
Violinschule,

entworfen
und mit 4. Kupfertafeln sammt einer Tabelle
versehen

von

Leopold Mozart
Hochfürstl. Salzburgischen Cammermusikus.

In Verlag des Verfassers.

Augspurg,
gedruckt bey Johann Jacob Lotter, 1756.

Beruflich betätigte sich Leopold Mozart als Geiger, Komponist, Theoretiker und Lehrer. Rationalität und Prinzipientreue zeichnen auch den Musiker in ihm aus. Seine einzelnen Arbeitsfelder gewichtete er ganz bewußt. Zunächst trat er als Geiger und Komponist hervor. Auf Gelegenheiten angewiesen, komponierte er Instrumentalmusik für kleine Ensembles, die als etwas Modernes sehr beliebt war. Schon dem 22jährigen bot sich die Chance, vermutlich für den Dom eine Passionskantate »Christ begraben« zu schreiben. Wenig später verfaßte er die Musik für eine »Finalkomödie«, die wie üblich zum Abschluß des Studienjahres in der Aula der Universität aufgeführt wurde. Damit war Mozart in den drei wichtigen Stilbereichen der

Kirchen-, Theater- und Kammermusik als Komponist eta-
bliert. In der Hofkapelle scheint er in den 1750er Jahren
mit Sinfonien und Divertimenti besonders erfolgreich gewesen zu sein. Stärker als sein Sohn neigte er zu naiv-pitto-
resken Klangbildern; die Sinfonien mit Titeln wie »Bau-
ernhochzeit« oder »Musikalische Schlittenfahrt« werden
heutzutage wieder viel gespielt. Im Geburtsjahr seines
Sohnes erschien seine Violinschule, die ihn mehr als seine
Kompositionen weithin bekannt machte. Mozart ging es
(ähnlich wie C. Ph. E. Bach) darum, nicht bloß technische
Fertigkeiten, sondern eine umfassende musikalische Bildung zu vermitteln und die Bedeutung des »Geschmacks«
für ein ansprechendes Musizieren zu betonen. Sein Ansehen als Lehrer bekräftigte er vor aller Welt mit der Erziehung seines Sohnes. Den eigenen Ehrgeiz als Komponist
stellte er vor dieser Aufgabe zurück. Seinem klugen Dispo-
nieren und seiner Zähigkeit gelang es, aus dem Wunderkind den großen Komponisten hervorgehen zu lassen. Die
Enge ihrer Beziehung mußte zwangsläufig den Ablö-
sungsprozeß des Sohnes für den Vater sehr schmerzlich
werden lassen. Leopold Mozart blieb zeit seines Lebens
ein gesuchter Pädagoge.

In den Biographien über Mozart spielt der Vater stets eine
viel wichtigere Rolle als die Mutter. Dies hat damit zu tun,
daß wir über sie recht wenig wissen, entspricht aber kaum
ihrer tatsächlichen Bedeutung. Die musikalische Begabung trat in ihrer Familie sogar früher zutage als in der
ihres Mannes. Vom hochmusikalischen Großvater Wolfgang Nikolaus Pertl hat Mozart auch den Vornamen erhalten. Anna Maria Pertl stammt aus einer alten Salzburger

Familie. Sie selbst wurde am 25. Dezember 1720 allerdings in St. Gilgen am Wolfgangsee geboren, wo ihr Vater
»Pfleger« war (ein gehobener Beamter, dem Verwaltung
und Gerichtsbarkeit des Bezirkes oblagen). Nach dessen
Tod lernte sie schon in früher Kindheit Entbehrungen kennen; sie blieb zeitlebens eine bescheidene und sparsame
Frau. Mit Mann und Sohn, die beide sehr dickköpfig sein
konnten, wird sie es nicht immer leicht gehabt haben. Sie
ertrug alles mit dem ihr eigenen Mutterwitz, der aus ihren
Briefen spricht. Inhalt, Sprache und Orthographie dieser
Briefe zeigen freilich auch den Bildungsabstand zu ihrem
Mann. Anna Maria Mozart entspricht bestens dem damaligen Bild von einer vorbildlichen Ehefrau und Mutter, die
nach außen hin unauffällig wirkt. Das gute und liebevolle
Einvernehmen innerhalb der Familie war wohl Verdienst
ihrer gemütvollen Gelassenheit. Ihr ausgleichendes Wesen
hat sicherlich auch die Kanten im gesellschaftlichen Umgang ihres Mannes in den Augen der Salzburger gemil-
dert. Als Leopold Mozart von ihrem Tod in Paris (3. Juli
1778) erfuhr, hob er in erster Betroffenheit gerade diese
Eigenschaft besonders hervor: Sie »war von Kindheit an
bekannt und aller Orten geliebt, dann sie war mit allen
freundlich und beleidigte keinen Menschen«.

Mozarts Schwester Maria Anna, von ihrer Familie zärtlich und von der Nachwelt verniedlichend »Nannerl« genannt, ist eine Frauengestalt mit tragischen Zügen. Der ererbte Mutterwitz verlor sich bei ihr, übrig blieb die Bitterkeit des Verzichts. Kunst als Beruf war damals für eine Frau schwer zu verwirklichen. Aufzubegehren lag ihr nicht. Vor allem aber war es das Genie ihres geliebten Bruders, das einen Schatten über ihr Leben warf. Maria Anna war ebenfalls hochbegabt. Bei ihrer musikalischen Erziehung durch den Vater gesellte sich ihr Bruder hinzu. Schon bald drang er mit eigenen kleinen Stücken in das für sie angelegte »Notenbuch« ein. Ihre Wunderkindauftritte bestritten sie gemeinsam, wenngleich der kleine, aufgeweckte Knabe mehr das Entzücken der Gesellschaft erregte. Als 1770 Vater und Sohn allein die erste Italienreise antraten, war endgültig die Zeit der gemeinsamen Karriere vorbei. Wolfgang hat sich lange bemüht, seiner Schwester diese Art Abschied zu erleichtern: durch Lustigkeit in Briefen, durch Pflege ihrer gemeinsamen Theaterbegeisterung, durch Übersenden von Klavierwerken. Doch durch seine Heirat mit Constanze Weber, die der Vater ablehnte, trübte sich auch ihr Verhältnis. Als Mozart 1790 nach Frankfurt reiste, fuhr er an Salzburg und St. Gilgen vorbei. Maria Anna hatte auf Wunsch des Vaters 1784 einen Witwer mit Kindern, Johann Baptist von Berchtold zu Sonnenburg (1736-1801), geheiratet und wurde im Geburtshaus ihrer Mutter Gattin eines »Pflegers«. Sie wurde selbst Mutter von drei Kindern. Nach dem Tod ihres Bruders schrieb sie dem ersten Biographen Friedrich Schlichtegroll ihre Erinnerungen. Ihr Urteil, Mozart sei früh schon in der Musik »ganz Meister« gewesen und in allen übrigen Verhältnissen »fast immer ein Kind« geblieben, machte Schule. Als Witwe lebte sie lange völlig zurückgezogen, aber ohne Anzeichen von Verbitterung, in Salzburg (gest. 29. Oktober 1829).

Über Mozarts frühe Kindheit wissen wir sehr wenig. Es gab
wohl keine besonderen Vorkommnisse oder schweren Krankheiten, die Vater oder Mutter in ihren Briefen später sicher
einmal erwähnt hätten. Recht nüchtern schreibt Leopold
Mozart in einem Brief vom 9. Februar 1756 an seinen Augs-
burger Verleger Johann Jakob Lotter, »daß den 27 Januarii
abends um 8 uhr die meinige mit einem Buben zwar glücklich entbunden worden. die Nachgeburt aber hat man ihr

wegnehmen müssen. Sie war folglich erstaunlich schwach.
Itzt aber, Gott sey dank, befinden sich kind und Mutter gut!«
Als nächstes vermerkt der Vater in »Nannerls Notenbuch«,
bei manchem Stückchen »hat der Wolfgangerl im 4. Jahr
gelernet« u. ä. In diesem Alter hat also der Musikunterricht
begonnen. Anekdotisches und im Rückblick Verklärtes
über den »Wolfgangerl« berichtet der Familienfreund Andreas Schachtner etliche Monate nach Mozarts Tod in einem Brief an dessen Schwester. Zumindest eines geht aus
seinen Erzählungen deutlich hervor: Mozart war ein sehr
aufgewecktes und anhängliches Kind. »Er war voll Feuer,
hieng jedem Gegenstand sehr leicht an. Eh er die Musik
anfieng, war er für jede Kinderey, die mit ein bischen Witz
gewürzt war, so empfänglich, dass er darüber Essen und
Trinken, und alles andere vergessen konnte. Ich ward ihm
daher, weil ich... mich mit ihm abgab, so äusserst lieb, dass
er mich oft zehnmal an einem Tage fragte, ob ich ihn lieb
hätte.« Ihren faszinierenden Gegenstand fand diese früh-
kindliche Empfänglichkeit in der Musik: »So bald er mit der
Musik sich abzugeben anfieng, waren alle seine Sinne für
alle übrige Geschäfte, so viel als todt, und selbst die Kinde-
reyen, und Tändelspiele mussten, wenn sie für ihn interessant seyn sollten, von der Musik begleitet werden.«

Das berühmte Familiengemälde stammt aus der zu Ende gehenden Salzburger Zeit Mozarts. Es beschwört ein enges Miteinander, das genaugenommen schon Vergangenheit war. Das Porträt der toten Mutter hängt als Bild im Bild an der Wand. Bei der Fertigstellung des Gemäldes im Winter 1780/81 war Mozart gar nicht mehr in Salzburg, sondern in München, um den »Idomeneo« aufzuführen. Johann Nepomuk della Croce war Schüler jenes Pietro Antonio Lorenzoni, der vermutlich Mozarts Knabenbild gemalt hatte. Bedeutende Künstler waren sie beide nicht. So ist nicht abzuschätzen, wie sehr ihre Bilder Eigenart und Ähnlichkeit der Porträtierten wiedergeben. Vater Leopold fand seine Tochter gut getroffen. Die von Zeitgenossen behauptete Ähnlichkeit zwischen Mutter und Sohn scheinen Stirn, Augen und Nasenpartien hier zu bestätigen.

Salzburg hat eine sehr lange Geschichte. Zur römischen Kaiserzeit hieß die Vorläuferstadt »Juvavum«. Sie lag an dem Kreuzungspunkt der Reichsstraßen vom Süden her und der Ost-West-Verbindung von Carnuntum nach Augusta Vindelicorum (Augsburg). Von ihrer Kultur blieben viele Zeugnisse erhalten. Als 1841/42 für Mozart ein Denkmal gesetzt wurde, fand man beim Ausheben der Fundamente schöne Mosaiken aus dem 2. Jahrhundert nach Christi (Museum Carolino Augusteum). Im 5. Jahrhundert existierten nach dem Bericht des hl. Severin in Juvavum bereits eine Basilika und ein Kloster. Nach den Wirren der Völkerwanderung kam der hl. Rupert, der spätere Landespatron Salzburgs, 696 in die zerstörte Stadt und errichtete einen ersten Dom im Bereich des heutigen Doms. »Salzburg« (Name seit dem 8. Jahrhundert, aus »Salzachburg«) wurde nun zu einem Zentrum der weit nach Osten hin ausgreifenden Missionierung. Das frühmittelalterliche Stadtbild wurde geprägt durch die »Bischofsburg« (Kloster St. Peter, Dom mit Domkloster und Marienkirche) und das höher gelegene Kloster Nonnberg. Im 11. Jahrhundert be-

gann Erzbischof Gebhard den Bau der Festung Hohen-
salzburg. Hundert Jahre später wurde die Stadt von den
Truppen Kaiser Friedrich Barbarossas gebrandschatzt. Im
Zuge des Wiederaufbaus entstand ein großartiger romani-
scher Dom, der bis zum Brand vom 11. Dezember 1598 das
Stadtbild beherrschte. Im 16. und frühen 17. Jahrhundert
erhielt Salzburg jenes Aussehen, das noch heute die Alt-
stadt bestimmt. Die hohen Bürgerhäuser bekamen nun ihre
charakteristischen Fassaden mit geradem Abschluß und
Grabendach. Erzbischof Wolf Dietrich (ab 1587) setzte
jene Stadtkonzeption durch, die Salzburg ihr vielbewun-
dertes mediterranes Flair gab. Idee und Durchführung der
städtebaulichen Veränderungen lagen ausschließlich bei
italienischen Künstlern. Neben Bauwerken wie dem neuen
Dom und der Residenz sind es vor allem die um den Dom
herum gruppierten großen Plätze mit ihren Brunnen, die
die Bezeichnung Salzburgs als »deutsches Rom« begrün-
deten. Erzbischof Paris Lodron (ab 1619) fügte der Konzeption neue Paläste hinzu und erweiterte die Stadt um
den Bereich zwischen Kapuzinerberg und rechtem Salzachufer. Um 1700 wechselte Erzbischof Johann Ernst Thun
die italienischen Baumeister gegen den einheimischen
Hofarchitekten der Habsburger, Johann Bernhard Fischer
von Erlach, aus, der das barocke Salzburg durch mehrere
Kirchen- und Schloßbauten vollendete. Eine auch in den
Briefen Leopold Mozarts erwähnte besondere Ingenieur-
leistung war das »Neutor« (1764/67), ein Durchstich durch
den Mönchsberg, der die Stadt mit dem Vorort Riedenburg
verband.

Die Nähe und architektonische Verbindung von Dom und
Residenz erinnert an die geistlich-weltliche Doppelfunk-
tion der Salzburger Fürsterzbischöfe. Salzburg war nicht
Teil der habsburgischen Erblande, sondern ein selbständi-
ges geistliches Fürstentum im Heiligen Römischen Reich
Deutscher Nation. Als kleines Land zwischen Österreich
und Bayern geriet Salzburg nicht selten in schwierige Situationen, die von seinen Fürsten viel Geschick und Kom-
promißfähigkeit verlangten. Als etwa in Mozarts Geburtsjahr 1756 der Siebenjährige Krieg zwischen Preußen und
Österreich ausbrach, mußte auch Salzburg ein Truppen-
kontingent stellen. Das Land selbst war aber vom Kriegs-
geschehen nicht betroffen. Oder als nach dem Erlöschen
der bayerischen Linie der Wittelsbacher der neue Landes-
herr Karl Theodor erwog, größere Teile Bayerns gegen die
österreichischen Niederlande zu tauschen und damit den
bayerischen Erbfolgekrieg auslöste, waren die Salzburger
im ureigensten Interesse tief beunruhigt, wie dies in vielen
Briefen Leopold Mozarts nachzulesen ist. Dennoch be-

währte sich der alte Spruch »Unter dem Krummstab ist gut leben«. Die relativ hohe innere Ruhe im Lande störten freilich konfessionelle Gegensätze. Zu einem traurigen Eklat führten sie 1731 unter dem an sich aufklärerisch gesinnten Erzbischof Leopold Anton von Firmian. 20 000 Protestanten mußten das Land verlassen; sie wurden von König Friedrich Wilhelm I. aufgenommen und in Ostpreußen angesiedelt. Durch die jahrhundertelange Eigenständigkeit konnte in Salzburg eine hohe kulturelle Kontinuität entstehen. In der Musikgeschichte war bereits die Pflege der gregorianischen Gesänge im Mittelalter von überregionaler Bedeutung. Im späten 14. Jahrhundert unter Pilgrim II. von Puchheim kam es zu einer Blüte von Musik und Plastik am Salzburger Hof. Ein bedeutender Lyriker, der sog. Mönch von Salzburg, komponierte als einer der ersten mehrstimmige weltliche Lieder. Zur wichtigen Trägerinstitution neben der Dommusik wurde immer mehr die Hofmusikkapelle der Fürsten. Sie erlebte, parallel zur barocken Baukunst, einen besonderen Aufschwung unter Erzbischof Wolf Dietrich und seinen Nachfolgern. Neben vielen Italienern wirkten auch hervorragende deutsche Musiker wie Heinrich Ignaz Franz Biber oder Georg Muffat. Ohne viele Veränderungen bestand die Hofkapelle bis ins Jahr 1807, der Auflösung des Hofstaates. Ohne Residenz sank Salzburgs Rang zu dem einer oberösterreichischen Kreisstadt herab. Die große Zeit davor berechtigt aber zu sagen, was zunächst wie ein billiger Gag klingen mag: Mozart war von seiner Herkunft her kein Österreicher, sondern ein Salzburger.

Selbstverständlich war in Salzburg wie anderswo die Art der Hofhaltung stark von der Persönlichkeit des Fürsten abhängig. Auch in der politischen und weltanschaulichen Zielsetzung gab es große Unterschiede. Fortschrittlich und eher konservativ gesinnte Erzbischöfe wechselten einander ab. Leopold Mozarts erster Dienstherr, Graf Firmian, hatte früher als der Hof in Wien der italienischen Frühaufklärung (Ideen Muratoris) in Form einer Akademie Eingang verschafft und stand (ebenso wie Mozart) im sog. Sykophantenstreit auf seiten der Fortschrittspartei. Mehr als er waren seine konservativen Nachfolger an Musik, Theater und Maskenfesten interessiert. Ein Gönner der Familie Mozart war Sigismund Christoph Graf Schrattenbach (reg. 1753-1771). Er stand zwischen den Parteien, hielt auf Sittenstrenge, betonte die geistliche Funktion seines Amtes, war aber auch dem Musischen zugetan. Unter ihm wurde Vater Mozart Vizekapellmeister und der Sohn in die Hofkapelle aufgenommen. Als großzügig erwies sich Schrattenbach bei den häufigen Urlaubsansuchen der Mozarts. Als es dem Erzbischof 1768 einmal zuviel wurde und er die Gehaltsauszahlung sperrte, konnten bald darauf Kompositionen Wolfgangs den Fürsten versöhnen; wenige Monate später wurde sogar Wolfgangs Oper »Finta semplice« als Namenstagsoper in der Residenz aufgeführt. Und wieder ein halbes Jahr später brachen Vater und Sohn Mozart zu ihrer ersten Italienfahrt auf. Für das Anfang Januar 1772 bevorstehende 50jährige Priesterjubiläum hatte Wolfgang die Azione teatrale »Il sogno di Scipione« komponiert. Doch Graf Schrattenbach starb am 16. Dezember 1771, einen Tag nach der Heimkehr der Mozarts aus Italien.

Die Nachfolge von Erzbischof Schrattenbach fiel für die
Familie Mozart ungünstig aus. Gewählt wurde nicht, wie
erwartet, ihr Gönner, der konservative Domdekan Graf
Zeil, sondern der josephinisch gesinnte Hieronymus Graf
Colloredo. Obwohl dieser zwei Jahre davor in Rom die
offizielle Patenschaft bei der Ordensverleihung an Wolfgang übernommen hatte, Leopold Mozart sich sofort auf
die neue Situation einstellte und Wolfgangs »Il sogno di
Scipione« auf Colloredo umwidmete, kam es zum be-

kannten Konflikt. Die Sympathien der Nachwelt gehören dem jungen Genie. Der angebliche finstere Vertreter des Ancien régime war Colloredo aber nicht, sondern ein moderner Regent, um öffentliche Wohlfahrt, Volksbildung und wirtschaftlichen Aufschwung bemüht. Er war aber auch sehr sparsam und bürokratisch. Diese Eigenschaften und seine restriktive Kirchenpolitik engten zwangsläufig die Musik- und Theaterpflege ein. Wolfgang gewährte er aber nun ein Gehalt von 150 Gulden. Den ständigen Urlaubsgesuchen stand Colloredo jedoch immer ablehnender gegenüber. Freiheits- und Ordnungsdrang gerieten aneinander. Nach der mißglückten Parisreise nahm der Erzbischof Wolfgang trotz allem Anfang 1779 wieder als Hoforganist mit 450 Gulden jährlich auf. Danach wurde Colloredo zum äußeren Anlaß für Mozarts erwünschten endgültigen Abgang von Salzburg. Als der Erzbischof im Zuge des 2. Koalitionskrieges gegen die Franzosen aus Salzburg fliehen mußte und ihm 1803 sein Fürstentum definitiv genommen wurde, nahm das Volk dies ohne Regung hin. So wurde der von Anfang an unbeliebte letzte Souverän zu einer tragischen Gestalt der Geschichte Salzburgs.

Eine Hofkapelle hatte, historisch gesehen, zunächst eine geistliche Funktion. Noch im 18. Jahrhundert, und schon gar in einem geistlichen Fürstentum, war es ihre zentrale Aufgabe, die Gottesdienste und Andachten bei Hofe auch musikalisch repräsentativ auszugestalten. Im Vergleich zu früheren Zeiten wichtiger geworden ist ihre weltlich-höfische Funktion. Immer schon war Musik ein Herrschafts-

symbol: Die zwölf Hoftrompeter mit ihren silbernen Instrumenten verkündeten das Auftreten der Fürsten. Vielfältige
Aufgaben hatte die Hofkapelle zur Zeit Mozarts in der
fürstlichen Kammer bei mehr oder minder offiziellen An-
lässen, Feiern und Festen, aber auch zur privaten Unterhaltung des Fürsten. Die Salzburger Residenz war der Ort,
an dem viele der Sinfonien, Konzerte und Divertimenti
Mozarts erstmals erklangen. Im Rittersaal wurden auch
Theaterstücke aufgeführt, so etwa Mozarts erste Theater-
komposition »Die Schuldigkeit des ersten Gebots«.

Mit ein Grund dafür, daß Mozart mit zunehmendem Alter von Salzburg wegdrängte, war das Fehlen eines ständigen Operntheaters. Die Salzburger Fürsterzbischöfe konnten sich nicht wie die großen Höfe in München oder Wien diesen Luxus leisten. Mozart wuchs aber in einer sehr theaterfreudigen Umgebung auf. Einerseits war sein erster Dienstherr, Erzbischof Schrattenbach, ein großer Theaterliebhaber. Andererseits gab es eine reiche barocke Theatertradition. Sie unterschied sich deutlich von dem, was wir uns unter Opern- und Schauspielbetrieb vorstellen. Sicherlich war der Erzbischof bestrebt, besondere Festlichkeiten aller Art durch die Aufführung einer, meist italienischen, Serenata oder Oper zu krönen. Aufführungsorte außerhalb der Residenz waren Naturbühnen wie das

Heckentheater des Schlosses Mirabell und das Steintheater in Hellbrunn. Graf Schrattenbach hatte auch für die Oper geeignete Sänger gezielt in seine Hofkapelle aufgenommen. Die dennoch hier fehlende Kontinuität existierte in anderen, weniger modernen Theaterarten. Die dafür zentrale Institution war noch (bis 1776) die Universität der Benediktiner. In der »Aula academica« und der »Aula minor« wurden kirchliche Feiertage und weltliche Feste zum Anlaß fürs Theaterspielen. Die gute Bühneneinrichtung erlaubte die vielfältigen Effekte des Barocktheaters. Ein besonderer Glanzpunkt waren die »Finalcomödien« zum Abschluß des Studienjahres. Die Benediktiner pflegten ein lateinisches Schauspiel, ähnlich dem barocken Jesuitendrama, mit Stoffen aus Bibel, Heiligenlegende, alter Geschichte und antiker Mythologie, für das auch Musik- und Tanzeinlagen vorgesehen waren. In solch einer Schulkomödie mit dem Titel »Sigismundus Hungariae Rex« betrat im Herbst 1761 der kleine Mozart als Tänzer erstmals die Bretter einer Bühne. Eine weitere barocke Besonderheit bildeten die zur Fastenzeit üblichen Aufführungen von geistlichen Opern bzw. szenischen Oratorien; angeregt wurden sie von den im 17. Jahrhundert am Wiener Hof am Karfreitag vor dem Heiligen Grab gespielten »Sepolcri«, in deren Tradition auch noch Mozarts »Grabmusik« KV 43 steht. Aufführungsorte waren der Dom oder bei den größeren, dreiteiligen szenischen Oratorien der Rittersaal der Residenz.

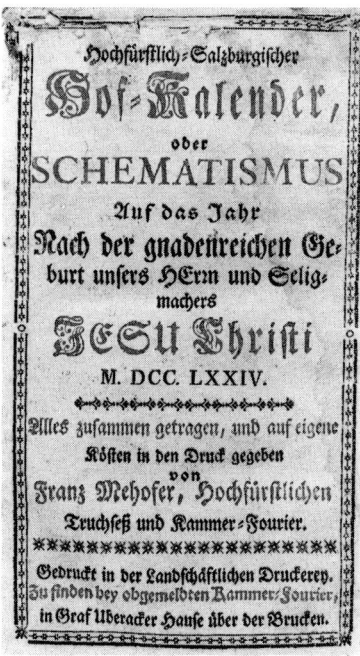

In den »Hof-Kalendern« wurde der Hofstaat namentlich und teilweise mit den Bestellungsdaten aufgeführt. Die Musiker waren in vier Gruppen unterteilt: in die eigentliche Hofmusik mit Kapell- und Konzertmeistern, Sängern, Organisten und übrigen Instrumentalisten; die Dommusik mit Chorregenten, Organisten, Chorvikaren und Choralisten; die Kapellknaben; die Feldtrompeter und Pauker.

In der Umgebung von Vater und Sohn Mozart wirkten einige achtbare Komponisten. Johann Ernst Eberlin (Hof-organist ab 1726, Hofkapellmeister 1749-62) hatte einen auffällig ähnlichen Lebensweg wie der 17 Jahre jüngere Leopold Mozart, der ihn ebenfalls von Augsburg nach Salzburg geführt hatte. Entsprechend gut war das Einver-nehmen mit den Mozarts. Wertschätzung spricht auch aus der Tatsache, daß Wolfgang Studienabschriften etlicher Kirchenwerke Eberlins anfertigte. Als Kirchen- und Orgel-

komponist schrieb Eberlin einen eher altertümlichen musikalischen Satz; in seinen Klavierwerken, Sinfonien und
Divertimenti, auch in den Oratorien, orientierte er sich in
Richtung auf das italienische Rokoko. Doch waren solche
gattungsbedingten Stilunterschiede damals üblich. Sie finden sich auch bei seinem Nachfolger als Organisten und
Schwiegersohn Kajetan Adlgasser (gest. 1777), der in den
1760er Jahren der Hauptkomponist für das Universitäts-
theater war. Der bedeutendste Komponist neben den Mozarts war der jüngere Bruder Joseph Haydns, Johann Michael (1736-1806). Er kam 1763 nach Salzburg und wurde
als moderner Komponist zum Rivalen des heranwachsenden Wolfgang. Vater und Sohn Mozart haben in ihren Briefen wenig Freundliches über den angeblich langweiligen
und trunksüchtigen Haydn gesagt, ihn aber als Komponisten besonders von Kirchenwerken sehr hoch geschätzt.
Auch ihn hatte Mozart durch Studienabschriften von Kirchenwerken und durch ein noch in den 1780er Jahren in
Wien anhaltendes musikalisches Interesse ausgezeichnet.
Anders als Mozart blieb Michael Haydn Salzburg sein Leben lang treu. Selbst als er ein lukratives Angebot des Fürsten Esterházy erhielt, lehnte er ab. Er fühlte sich in Salzburg als angesehener Mann in einem großen Kreis von
Schülern und Freunden wohl (siehe das vorseitige Bild).

Die Wohnsituation der Familie Mozart hatte ein unge-
wöhnliches Positivum. Der Hausherr war ein guter Freund
Leopold Mozarts. Lorenz Hagenauer war ein reicher Mann,
der neben seinem Wohnhaus noch weitere Objekte in Salzburg besaß. Die Spezereiwarenhandlung war bereits in
dritter Generation im Besitz der Hagenauers. Diese an sich
aus Bayern stammende Familie war weit verzweigt; zwei für
das damalige Salzburg wichtige bildende Künstler (Portal
des Neutors, Mariensäule am Domplatz), Johann Baptist
und Wolfgang Hagenauer, waren weitschichtige Verwandte
von Mozarts Hausherrn. Lorenz Hagenauer stand in allen

finanziellen Angelegenheiten Leopold Mozart mit Rat und
Tat zur Seite. Unverzichtbar war diese Hilfe bei der Pla-
nung der Konzertreisen. Auch während der Reisen waren
Hagenauers geschäftliche Kontakte wiederholt von Nutzen. Andererseits war er der Stützpunkt zu Hause, der über
Neuigkeiten bei Hofe und in der Stadt berichtete, selbst
aber Mozarts Briefe sammelte und die auswärtigen Erfolge
der Wunderkinder publik machte. Für Mozarts in der
2. Auflage seiner Violinschule 1770 geäußerten Plan, eine
Biographie seines Sohnes zu schreiben, waren diese Briefe
als Hauptquelle gedacht, die sie allerdings erst für die
spätere Mozartforschung werden sollten. Aus der Männer-
freundschaft war im Laufe der Zeit eine der Familien geworden, die für die heranwachsenden Kinder die häusliche
Behaglichkeit erhöhte.

Einander besonders zugetan waren Nannerl und Ursula, Wolfgang und Kajetan Rupert. Dem kleinen Mozart mag es imponiert haben, in Kajetan Rupert einen um zehn Jahre älteren Freund zu haben. Als dieser 19jährig ins Kloster St. Peter eintrat, hat im fernen London »der Wolfgangerl geweinet,… weil er glaubte, daß er ihn nun nicht mehr sehen werde«. Zur Primiz vier Jahre später komponierte Mozart dem zum Pater Dominicus gewordenen Jugendfreund die später so genannte Dominicus-Messe KV 66. Der Geistliche unter den Hagenauersöhnen brachte es zu hohen Würden und wurde 1786 Abt des Klosters St. Peter.

Im Bekanntenkreis Leopold Mozarts fanden die Kinder noch eine Reihe weiterer Freunde. Dazu zählen die Söhne

des Hofkanzlers Franz Felix Anton von Mölk; der eine war
Partner Wolfgangs beim Auftritt als Tänzer im »Sigismundus«-Spiel; der andere hatte sich später in Nannerl
verliebt, aber sie sich nicht in ihn. Die lustige »Gilowsky-
Katherl«, Tochter des Hofchirurgus Wenzel Andreas Gi-
lowsky, war ein Liebling Nannerls und Wolfgangs; sie war
stets zu Späßen aufgelegt und oft auch deren Opfer, vor
allem im etwas reiferen Alter, als sie sich vergeblich bemühte, unter die Haube zu kommen. Zu den Kindern des
Hofrats Kaspar Joachim von Schiedenhofen und des fürstlichen Leibarztes Silverster Barisani bestanden Beziehungen, die teilweise über die Salzburger Zeit Mozarts hinaus
anhielten; so war Barisanis Sohn Sigmund in Wien Mozarts Arzt und ein Freund, dessen früher Tod Mozart sehr
naheging.

Die Italienreise von Vater und Sohn Mozart zu Beginn der 1770er Jahre hat manche Maßstäbe verändert, nicht zuletzt die für ein behagliches Wohnen. Schon frühzeitig hatte Leopold Mozart Ausschau nach einem geeigneten Objekt gehalten. Im Herbst 1773 konnte dann endlich das sogenannte Tanzmeisterhaus am heutigen Makart- und damaligen Hannibalplatz im Stadtbezirk am rechten Salzachufer bezogen werden. Statt in der engen Getreidegasse wohnte man nun an einem großen Platz, statt der drei standen nun acht Zimmer zur Verfügung. Hier ließ es sich geradezu herrschaftlich leben. Im Saal des Hauses wurde nicht nur musiziert, es wurden auch Klaviere, die Leopold Mozart kommissionell zum Verkauf anbot, ausgestellt. Der Garten hinter dem Haus lud zu sommerlicher Italianità ein, allerdings mit heimischen Vergnügungen wie Kegelschieben oder Bölzelschießen. Familienfeste mit Serenadenmusik besaßen wohl am meisten südländisches Flair. Im Zweiten Weltkrieg wurde das Haus schwer beschädigt, später teils durch einen Neubau ersetzt, teils renoviert und

zum heutigen Museum umgestaltet. Im wiederholt zu
Konzerten genutzten Tanzmeistersaal befindet sich eine
Ausstellung historischer Musikinstrumente. Derzeit wird
der ganze Gebäudekomplex des ehemaligen Wohnhauses
der Familie Mozart völlig verändert und dessen historischer Zustand rekonstruiert.

Für den jungen, wenngleich der Wunderkindzeit entwach-
senden Komponisten waren Kontakte zu adeligen und bürgerlichen Familien Salzburgs nützlich. Sie gaben der
Familie Mozart auch den von ihr gewünschten respekta-
blen Gesellschaftsrahmen für ihr musikalisches Wirken.
Zu den ihnen wohlgesonnenen hocharistokratischen Familien zählten die Grafengeschlechter der Arco, Firmian
und Lodron. Noch zur Mozartzeit war viel vom Glanz des
barocken Erzbischofs Paris Lodron für seine Familie erhalten geblieben. Sie besaß zwei Paläste in Salzburg; der
für die Primogenitur ist auf der rechten Seite des Bildes zu
sehen (der Mitterbacher Bogen im Vordergrund ist nicht

mehr erhalten). In Salzburg wie später in Wien erlebte Mozart eine Hautevolee, die sich selbst gerne und gut musikalisch betätigte. Im Palais Lodron trafen sich sonntags Aristokraten und Bürger zu Liebhaberakademien, die zeitweise Leopold Mozart künstlerisch betreute. Für die Gräfin Maria Antonia, eine geborene Komtesse Arco, und ihre Töchter schrieb Wolfgang zwei seiner schönsten Divertimenti bzw. »Lodronsche Nachtmusiken« (KV 247 und 287, vielleicht auch KV 289) und das Konzert für drei Klaviere KV 242 (alle 1776/77 entstanden). Nach dem Tod der Gräfin fanden die Lodronschen Akademien eine Nachfolge in den »Freitags-Exerzier-Akademien« im Hause Arco. Graf Georg Anton Felix, zuletzt Obersthofmeister, war ein musikliebender Aristokrat, der Vater und Sohn Mozart sehr zugetan war, sich auch für die Wiedereinstellung Wolfgangs nach der Parisreise energisch einsetzte. Sein Sohn Karl Josef Maria Felix freilich hat als Oberstküchenmeister Mozart 1781 in Wien mit dem bekannten Fußtritt aus Salzburger Diensten expediert und ist, anders als sein Vater, als Negativbeispiel aristokratischer Anmaßung in die Mozart-Biographik eingegangen. Nicht zu vergessen sind Angehörige der Familien Firmian und Arco, die Vater und Sohn Mozart bei deren Italienreisen sehr behilflich gewesen waren.

Georg Josef Robinig ist als Industrieller zu bezeichnen. Er besaß neben Eisenhandlungen ein Sensen- und ein Arsenikwerk und lebte in großem Stil. Neben dem Stadthaus (in der heutigen Sigmund-Haffner-Gasse 14) bewohnte die mit den Mozarts befreundete Familie einen Landsitz im Vorort Gnigl. Auch im Hause Robinig wurde, nach aristokratischem Vorbild, viel musiziert und in der »Elf-Uhr-Musik« eine Art Akademie eingerichtet, für die Mozart vermutlich sein Divertimento KV 334 schrieb.

Das Portal des Hauses der Familie Haffner (heute Sigmund-Haffner-Gasse 6) spricht bereits für die Wohlha-
benheit der Besitzer. Ihr Name ist durch zwei Werke, die
sog. Haffner-Serenade KV 250 und die Haffner-Sinfonie
KV 385, mit dem Mozarts verknüpft. Beide Werke wurden
vom gleichnamigen Handelsherrn und Bürgermeister, dem
mit Mozart gleichaltrigen Sigmund Haffner, in Auftrag gegeben. Die Serenade entstand 1776 für die Hochzeitsfeier
seiner Schwester. Die Sinfonie bestellte Haffner 1782 bei
dem bereits in Wien lebenden Mozart aus Anlaß seiner
Nobilitierung zum Herrn »von Imbachhausen«.

Ein Jugendfreund Mozarts war Hofrat Kaspar Joachim
Schiedenhofens Sohn Johann Baptist Josef Joachim Ferdinand, der in Salzburger Diensten bis zum Landschafts-
Kanzler aufstieg. Aus seinem 1774 bis 1778 minuziös ge-
führten Tagebuch erfahren wir, wie sehr die Familie Mozart
in das gehobene Salzburger Gesellschaftsleben eingebun-
den war.

Die Tochter des Hofkanzlers von Mölk, Maria Anna Barbara, war eine Freundin Nannerls, von den Mozarts »Mölk-
Waberl« oder »Veferl« genannt. Der sechzehnjährige Wolfgang hatte das vier Jahre ältere Mädchen recht verehrt.
Das »Waberl« war aber nicht sein einziger Schwarm aus
dem Kreis der Freundinnen und Klavierschülerinnen seiner Schwester. Eine andere ist unter den fünf Töchtern des
Dr. Barisani zu suchen. Wenn wir auch nicht wissen, welche gemeint ist, machte sich jedenfalls Leopold Mozart in
Briefen über die Verliebtheit seines Sohnes lustig.

Außer mit Musik vergnügten sich die Familie Mozart und ihre Freunde mit Wagenausflügen, Bällen, Theater und Tanz, ständigen Besuchen, diversen Spielen, vor allem Kartenspielen und da am liebsten mit Tarock. Als ein Kuriosum erscheint uns das in Mozartbriefen immer wieder genannte Bölzelschießen und die von Leopold Mozart initiierte Schützenkompanie. Man traf sich an Sonntagen im Hause Mozart. Abwechselnd waren die Schützen »Bestgeber« (Stifter von Preisen). Geschossen wurde mit Bolzen aus Windbüchsen auf Scheiben, die mit aktuellen und lustigen Motiven und entsprechenden Versen bemalt waren.

AUF REISEN

Reisen war kostspielig und zeitaufwendig. Allerdings gab es ein weitverzweigtes und funktionierendes Postsystem. Mit wechselnden Pferden gelangte man von Poststation zu Poststation, eng aneinandergedrängt in wenig komfortablen Kutschen. Da es so auch unmöglich war, sich seine Gesellschaft auszusuchen, zog man es vor, mit Freunden oder Bekannten zusammen eine Kutsche zu mieten oder überhaupt im eigenen Wagen und mit eigenem Personal zu fahren, was freilich noch viel teurer kam.

Mozart war fast ein Drittel seines Lebens auf Reisen, zunächst als Wunderkind, später als berühmter Komponist und Pianist, angefangen von seinem sechsten Lebensjahr bis wenige Wochen vor seinem Tod. Seine Erfahrungen hatte er mit Kutschen und auch mit Schiffen gemacht (schon 1762 auf der Donau von Passau nach Wien). Die Strapazen mußten wohl seine physische Konstitution beeinträchtigen; die schweren Erkrankungen der beiden Mozart-Kinder während ihrer Reisen sprechen für sich.

Mozart hat aber dieses unstete Leben nicht als etwas Aufgezwungenes und Belastendes gesehen, im Gegenteil: »Ohne reisen (wenigstens leute von künsten und wissenschaften) ist man wohl ein armseeliges geschöpf!« Anders als der viel seßhaftere Joseph Haydn hat Mozart seine wichtigen Anregungen auf Reisen in den Zentren der musikalischen Welt erhalten und seine Sensibilität im Reagieren auf andere entfaltet. Leopold Mozart hat diese Entwicklung wohl kalkuliert. Nach Besuchen in München und Wien erweiterte er den Horizont durch die dreijährige Reise nach Paris und London und führte erst den Vierzehnjährigen ins damals noch dominierende Musikland Italien. Insgesamt hat Mozart bis zu seinem endgültigen Abgang aus Salzburg elf Reisen unternommen: zunächst en famille, später entweder mit Vater oder mit Mutter, zuletzt allein. Schwierigkeiten und Zwischenfälle aller Art gab es dabei zu bewältigen. Als etwa die Familie hochgemut im eigenen Wagen und mit Diener am 9. Juni 1763 ihre Westreise antrat, ereignete sich schon vor der ersten Station in Wasserburg ein Radbruch mit all seinen Verdrießlichkciten. Aber natürlich gab es auch viel Interessantes zu sehen und zu erleben, was nicht nur mit Musik zu tun hatte. Davon berichtet neben den vielen Briefen Leopold Mozarts auch das Tagebuch Nannerls.

Das Bild soll im Spätherbst 1763 in Paris entstanden sein,
noch bevor die Familie Mozart in Versailles empfangen
wurde. Carmontelle war Porträtist und Schriftsteller und
hatte eine Anstellung als Vorleser beim Herzog von Char-
tres. Nach seinem Aquarell hergestellte Kupferstiche ver-
breitete Leopold Mozart gezielt zu Reklamezwecken. Sie
geben uns eine Vorstellung vom Auftreten der Mozart-Kinder mit ihrem Vater in offensichtlich hochherrschaftlichem
Rahmen. Um alle drei gemeinsam in Aktion zu zeigen,
wählte Carmontelle eine weniger typische Szene. Denn
das Mädchen hatte seine Erfolge nicht sosehr als Sängerin, sondern ebenso wie sein Bruder am Klavier. Eine Viel-
seitigkeit der Darbietungen war aber angestrebt. Anders
als heutzutage ging man nicht nur mit einem festen Repertoire auf Konzertreisen, vielmehr wurde großer Wert auf

einen unmittelbaren Kontakt mit dem Publikum gelegt. So verblüffte Wolfgang durch sein Primavista-Spiel von ihm spontan vorgelegten Noten oder durch seine Fähigkeit, etwa eine Sängerin unter seinen Zuhörern ebenfalls spontan zu begleiten. Diesen Erlebnischarakter steigerten noch sein freies Fantasieren am Klavier und die Faszination, die ihn dabei sichtbar selbst erfaßte. Hierin mag auch der tiefere Grund liegen, daß viele Menschen meinten, ein »Wunder« vor sich zu haben. Um diesen Eindruck zu verstärken, scheute Leopold Mozart nicht vor leicht varietéhaften Programmpunkten zurück. So forderte er das Erstaunen über Wolfgangs gewandtes Spiel dadurch noch mehr heraus, indem er die Klaviatur mit einem Tuch verdeckte, ohne daß dies Wolfgang merklich irritierte. Mehr und mehr wurde der kleine Bub außerdem als Komponist präsentiert. Allein die Tatsache wurde zum Faszinosum, schon gar, wenn Orchesterwerke eines Zehnjährigen aufgeführt wurden. Selbst auf diesem Feld wurde der persönliche Kontakt zwischen dem Publikum und dem kleinen Komponisten hergestellt. So wurde Wolfgang etwa eine Menuettmelodie vorgelegt, zu der er Baß und Mittelstimmen ohne Zuhilfenahme eines Klaviers hinschrieb.

Viele der Auftritte der Mozart-Kinder waren überhaupt
keine Konzerte in unserem Sinne. Es gab private Einladungen zu Gesellschaften, bei denen Wolfgang bewundert,
seine Fähigkeiten geprüft, mit ihm musiziert oder auch
sein Musizieren als Stimmungskulisse angesehen wurde.
Die Konzertbedingungen waren völlig andere als heutzutage. Agenturen, die ihre Künstler anpreisen, Auftritte genau planen, Gagen aushandeln, Hotelzimmer buchen usw.,
gab es ebensowenig wie Versicherungen, die die Risiken,
von Unfällen bis zu Krankheiten, aufzufangen verspra-
chen. Eine dreijährige Reise wie die der Mozarts war nicht
zuletzt ein finanzielles Wagnis; beträchtliche Schulden im
voraus und die Hoffnung auf Erfolg standen in bedrohlich

ungewissem Verhältnis zueinander. Um anvisierte Ziele zu erreichen, waren zwei Dinge nötig: Kontakte zu einflußreichen Persönlichkeiten und Ansehen, ein vorauseilender Ruf. Ersteres hat Leopold Mozart vielfach dadurch erreicht, daß er seine Bekanntschaft mit Salzburger Aristokraten nutzte und Empfehlungsschreiben in der Tasche trug. Von Reisestation zu Reisestation wurden neue Kontakte geknüpft. Wichtig waren dabei nicht nur die Aristokratie, sondern auch die jeweils führenden Musiker, die man sich zu Freunden zu machen suchte. Hilfreich war außerdem die sich ausbreitende Neugierde der großen Gesellschaft. Mundpropaganda hatte dabei noch größere Wirkung als positive Zeitungsberichte. Erzielte Erfolge waren die beste Reklame. Leopold Mozart hat während der Reise nach Westeuropa immer wieder auf das ehrenvolle Auftreten seiner Kinder an den Höfen in München und besonders in Wien vor Kaiserin Maria Theresia hingewiesen. Trotz all dem gab es viele Schwierigkeiten. Mancher Fürst war gerade verreist oder krank, als man in seiner Residenz anlangte. Das bedeutete Verdienstausfälle, ähnlich, wie dies bei Krankheiten innerhalb der Familie der Fall war. Außerdem waren Honorare eine Gnade, die gewährt wurde oder nicht, in Geld oder Ehrengeschenken wie Uhren, Tabatieren und Zierdegen. So ist es nicht verwunderlich, daß Leopold Mozart die Künste seiner Kinder auch in Gasthöfen gegen ein festes Honorar anbot.

Die erste panegyrische Dichtung auf den kleinen Mozart
entstand während des ersten Wien-Aufenthaltes der Familie im Herbst 1762. Nach dem Auftritt bei Hofe stieg das
Interesse an dem Wunderkind, und die Noblesse über-
schlug sich mit Einladungen, solange eben die Sensation
neu war. Bei solch einer Soiree überreichte Thomas Graf
Collalto dem Knaben ein später auch gedrucktes Gedicht.
Autor ist der Hofbeamte Konrad Friedrich von Pufendorf.
Die drei Verspaare loben das große Können und die Leichtigkeit im Spiel, sie sprechen aber auch die Sorge um eine
Überforderung des Kindes an. Der Hinweis auf ein früh-
verstorbenes Sprachenwunderkind aus Lübeck erinnert an
die durchaus nicht auf Musik beschränkte Faszination an

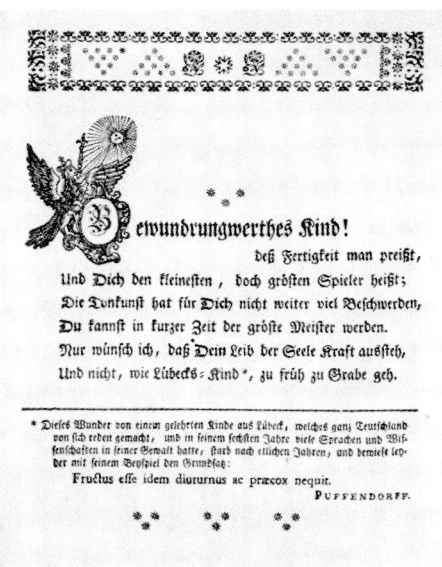

solchen Wundern der Natur und auch daran, welch ein Glücksfall in dem Umstand liegt, daß aus dem extrem frühbegabten Mozart sich der große Komponist entfalten konnte.

Es war etwas Unerklärliches in der Erscheinung dieses Kindes, die auch skeptische Musiker und Gelehrte faszinierte. Einer von ihnen war der englische Jurist und Naturforscher Daines Barrington, den die Familie Mozart im Sommer 1765 in London kennenlernte. Wie skeptisch er war, zeigt, daß er den bayerischen Gesandten bat, in Salzburg das tatsächliche Geburtsdatum Mozarts zu erkunden. Es erwies sich als richtig. In einem Gutachten für die renommierte Royal Society berichtete er von seinen Beobachtungen. Barrington lobt darin das Primavista-Spiel und noch mehr die extemporierten Kompositionen Mozarts.

Auf seine Bitte hin habe Mozart eine kleine Liebesarie über das einzige Wort »affetto« und eine Zornesarie über »perfido« spontan erfunden und ihm vorgespielt. Beeindruckt hat Barrington besonders die Leichtigkeit der Produktion. Einerseits erlebte er, wie der Bub mit durchtriebener Pfiffigkeit die gestellten Aufgaben löste, sich aber plötzlich abwandte, mit seiner Katze spielte oder auf seinem Steckenpferd durchs Zimmer ritt. Auch Musik war ihm Spiel, das ihn wie andere Spiele voll erfüllte. Andererseits hörte er vom Vater, daß Wolfgang selbst mitten in der Nacht von musikalischen Gedanken ergriffen ans Klavier gehe. Spiel und etwas Dämonisches schienen eine sonderbare Einheit zu bilden. Barrington verglich Mozart mit anderen kleinen Musikern und auch mit dem Sprachenwunderkind Jean Barratier, doch Mozart erschien letztlich als unvergleichlich – er war ein Zeugnis für die unermeßlichen Möglichkeiten der Natur.

München war geradezu ein Zauberwort für den jungen
Mozart; Hoffnungen und schöne Erlebnisse verbanden
sich mit dieser Stadt für Vater und Sohn, besonders als Ort
der ersten Schritte zur großen Karriere. Anfang 1762 trat
hier der kaum Sechsjährige auf und hatte wohl auch ein
anderes Primärerlebnis: Im Karneval wurde am Münchner
Hof eine italienische Oper gespielt (»Temistocle« von Ber-
nasconi). Viel später sollte Mozart hier eigene Opern auf
die Bühne bringen. Pläne, ganz Fuß zu fassen, bei Hofe
oder als freier Künstler, verwirklichten sich nicht. Dennoch
galt München stets als eine besonders geeignete Stadt für
Musiker, die ein vielfältiges Betätigungsfeld suchen. Leopold Mozart hat es gegenüber seinem Sohn einmal so for-
muliert: »Man hat erstaunlich viel Herrschaft: Schlösser
und Klöster um München herum . . . Gelegenheit zur
Composition für die Kirche und das Theater: und im Winter mehr Unterhaltung als an allen Orten die ich kenne«

(20. 11. 1777). Als Leopold Mozart nach dem Tod seiner
Frau, dem Abgang seines Sohnes nach Wien und der Ver-
heiratung seiner Tochter einsamer wurde, hatte er sich,
selbst noch in seinem Todesjahr, das Vergnügen geleistet,
im Karneval zu Freunden nach München zu reisen. Viele
Jahre zuvor, bei der großen Reise im Frühsommer 1763,
war München die erste wichtige Station. Die Fahrt von
Salzburg nach München dauerte damals zwei Tage. In
München glücklich angekommen, ging Leopold Mozart in
einer dann typischen Weise vor: Es galt, zu sehen und gesehen zu werden. Deshalb fuhr die Familie am Tag nach der
Ankunft nach Nymphenburg, um im Park zu promenieren.
Dort sah sie zufällig der Prinz von Zweibrücken, den sie
wiederum von Wien her kannten. Der Prinz, Schwager des
Kurfürsten, erreichte es, daß die Mozarts noch am selben
Abend vor Kurfürst Maximilian III. Joseph erscheinen
durften; Wolfgang spielte bei dieser Gelegenheit Klavier
und Violine. Das war das denkbar beste Entree in die hohe
Gesellschaft. Weitere Einladungen folgten, und nach einem knapp zehntägigen Aufenthalt konnte Leopold Mozart mit dem Ergebnis sehr zufrieden sein: Die Einnahmen
waren gut, außerdem hatte er Empfehlungsschreiben an
den Kurfürsten Karl Theodor in Mannheim und an dessen
Gattin erhalten, die eine günstige Aufnahme auch an diesem großen Hof erwarten ließen.

In Leopold Mozarts Heimatstadt machte die Familie im
renommierten Gasthof »Zu den drei Mohren« zwei Wochen lang Station, während der drei öffentliche Konzerte
gegeben wurden. Überhaupt pflegten die Mozarts alleror-
ten in besten Quartieren abzusteigen, um auch auf diese
Weise Ansehen zu dokumentieren. Die Weiterreise führte
über Städte wie Ulm; Anziehungspunkte waren aber vor
allem große Höfe. In Ludwigsburg, dem Sommersitz des
Herzogs Karl Eugen von Württemberg, trafen sie den Fürsten nicht an, besuchten aber den dortigen Hofkapellmeister Niccolò Jommelli. Mehr Glück hatten sie im Schloß
Schwetzingen, der Sommerresidenz des Kurfürsten von
der Pfalz, Karl Theodor; hier konnten die Mozart-Kinder
in einer Akademie auftreten. Begeistert bestätigte Leopold Mozart in einem Brief, was alle Welt damals wußte:
»das Orchester ist ohne widerspruch das beste in Teutsch-
land.«

Eine Enttäuschung erlebten die Mozarts auf ihrer nächsten wichtigen Station, in Mainz. Als sie in dieser Residenzstadt eines geistlichen Fürstentums ankamen, erfuhren sie, daß der Erzbischof krank war und somit keine Hoffnung auf einen Empfang bei Hofe bestand. Es kam aber zu einem öffentlichen Konzert im Gasthof »Zum römischen König«. So reiste die Familie bald nach Frankfurt weiter. Im sog. »Scharff-Haus« (hinter dem Brunnen, mit schwarzem Schild) am Liebfrauenberg gaben die beiden Kinder ihr erstes von insgesamt fünf Konzerten. Eines davon besuchte auch die Familie Goethe. Über sechs Jahrzehnte später erinnerte sich der greise Goethe in seinen Gesprächen mit Eckermann »des kleinen Mannes in seiner Frisur und Degen noch ganz deutlich«.

Die Reise von Frankfurt nach Paris dauerte zweieinhalb
Monate. Leopold Mozart wählte eine Route, an der möglichst viele Residenzen und Städte lagen. Nach einem Monat erreichte man über Koblenz, Köln und Aachen die
österreichischen Niederlande. In deren Hauptstadt Brüssel
blieben die Mozarts eineinhalb Monate lang und konnten
sogar vor dem Statthalter und Bruder Kaiser Franz' I.,
Prinz Karl Alexander von Lothringen, konzertieren. Am
18. November 1763 kam die Familie in Paris an. Nun galt
es, mit Glanz zu bestehen, um noch weitere Reiseetappen
wagen zu können. Paris war eines der führenden Musik-
zentren, das Italiener und in steigender Zahl auch deutsche Musiker anzog. Wie ersichtlich, fanden die Mozarts
ein herrschaftliches Quartier. Das Hotel de Beauvais war
freilich kein Gasthof, sondern das Palais des bayerischen
Gesandten. Aufnahme fanden sie, da die Gattin des Gesandten aus dem Salzburger Grafengeschlecht der Arcos
stammte.

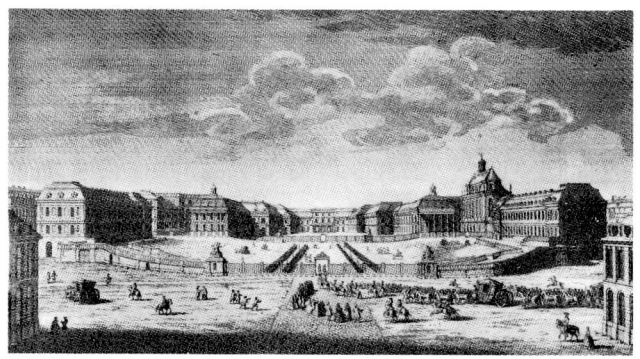

Trotz der Kontakte, Empfehlungen und Besuche dauerte
es einige aufregende Wochen, bis die Familie Mozart nach
Versailles übersiedeln konnte und am Weihnachtsabend die
Mette in der königlichen Kapelle besuchen durfte. Am Neu-
jahrstag 1764 wurde dann der Familie eine nach heutigen
Gebräuchen reichlich kuriose Ehre zuteil: Sie durfte als
Zuschauer an der Hoftafel teilnehmen. Vater Mozart berichtete nach Salzburg von der Auszeichnung, »daß mein
H: Wolfgangus immer neben der Königin zu stehen, mit ihr
beständig zu sprechen . . . und ihr öfters die Hände zu
küssen, und die Speisen, so sie ihm von der tafel gab, neben
ihr zu verzehren die Gnade hatte«. (1. 2. 1764) Selbstverständlich musizierten die Kinder vor der königlichen Familie erfolgreich. Dieser Auftritt bei Hofe hatte eine Reihe
von Einladungen in Adelshäuser zur Folge, und diese wiederum ermöglichten es Leopold Mozart, zwei öffentliche
Konzerte im Theatersaal des Mr. Félix zu veranstalten (im
zweiten trat auch der berühmte Geiger Pierre Gavinies
auf).

Melchior Grimm (1723-1807) war der große Förderer der
Familie Mozart in Paris. Seine Persönlichkeit und sein
gesellschaftliches Ansehen sind typisch für die damalige
kulturelle Situation. Aufklärertum, Verstandeskult, fort-
schrittliche Kritik und beste Kontakte zur Aristokratie waren
durchaus miteinander vereinbar. Grimm, ein Pfarrerssohn
aus Regensburg, kam als junger Literat nach Paris und
machte durch ebenso scharfzüngige wie geistvolle Polemi-
ken auf sich aufmerksam. Zur Sensation wurde 1753 seine
Streitschrift gegen die französische Musik, »Le Petit Pro-
phête de Boemisch-Broda«. Im selben Jahr gründete er mit
Protektion des Hochadels seine »Correspondance litté-
raire«, ein handschriftlich verbreitetes und auch von Fürsten halb Europas gelesenes Organ aufklärerischer Gesin-

nung, ein Journal mit voll Esprit präsentierten Neuigkeiten aus Gesellschaft und Politik, Künsten und Naturwissenschaften. Leopold Mozart war von Grimm begeistert und sah auch durch ihn Chancen für die Karriere seiner Kinder; den Aufklärer Grimm wiederum faszinierte Wolfgang als »Wunder der Natur«. Schon wenige Tage nach Ankunft der Mozarts in Paris schrieb Grimm voll Enthusiasmus in der »Correspondance«: »Ich sehe es wahrlich noch kommen, daß dieses Kind mir den Kopf verdreht, wenn ich es noch öfter höre. Es macht mir begreiflich, daß es schwer ist, sich vor dem Wahnsinn zu bewahren, wenn man Wunder sieht.« Grimm beschreibt aber auch, was ihn so sehr verwunderte: »Es ist dem Kinde ein leichtes, mit der größten Genauigkeit die allerschwersten Stücke mit Händen auszuführen, die kaum die Sexte greifen können, und es ist unglaublich, wenn man sieht, wie er eine ganze Stunde hindurch phantasiert und so sich der Begeisterung seines Genies und einer Fülle entzückender Ideen hingibt, welche er außerdem mit Geschmack und ohne Wirrwarr aufeinanderfolgen läßt.« Als er zweieinhalb Jahre später Wolfgang in Paris wieder erlebte, erstaunten ihn dessen musikalische Fortschritte, und er prophezeite, »daß er, noch ehe er zwölf Jahre alt ist, schon eine Oper auf irgendeinem italienischen Theater hat aufführen lassen«. Tatsächlich komponierte der Zwölfjährige in Wien seine erste italienische Oper, »La Finta semplice«.

Der Druck von Werken eines Siebenjährigen mußte Erstaunen erregen. Mozarts Opus primum, die beiden Kla-
vier-Violin-Sonaten KV 6 und 7, war einer Tochter Lud-
wigs XV. gewidmet. Wenig später gelangten noch weitere
Sonaten in Druck. Anders, als es später üblich wurde, hat
die Violine eine untergeordnete Rolle in diesen »Sonates
pour le Clavecin«. Schon hier in Paris zeigte sich, was sich
dann immer wieder bestätigen sollte: Wolfgang war kein
völlig auf sich und das ihm Eingelernte konzentriertes
Wunderkind, sondern nahm überaus wach alles auf, was er
an Musik hörte. Unter den Klaviermeistern in Paris machten die Deutschen Johann Gottfried Eckard und Johann
Schobert besonderen Eindruck auf ihn.

Zufrieden mit dem Pariser Erfolg und voll Erwartung reiste die Familie Mozart im April 1764 nach London weiter. War doch London damals die zivilisatorisch fortgeschrittenste Stadt Europas. Die Faszination, die sie ausübte, ist den Briefen Leopold Mozarts und später auch denen Joseph Haydns zu entnehmen. Die Stadt zog hervorragende italienische und deutsche Musiker an, die seit Georg Friedrich Händels Zeiten hier zu Ruhm kamen. Das englische Chor- und Orchesterwesen war auf höchstem Niveau, es fehlte aber an einheimischen Komponistengrößen. Sehr musikbegeistert war die königliche Familie. Georg III. war ein großer Händel-Verehrer, seine Gemahlin spielte Klavier und sang, nach Auskunft Haydns, »ganz leidlich für eine Königin«. Die Familie Mozart wurde schon bald nach ihrer Ankunft bei Hofe empfangen. Die königliche Familie zeigte sich hier und auch später überaus wohlwollend. Der London-Besuch begann also ausgesprochen günstig.

Das vom Hof unabhängige Londoner Musikleben war ungewöhnlich entwickelt und bereits marktwirtschaftlich or-
ganisiert. Schon sehr modern mutet die Art an, mit der für
die Mozart-Kinder die Werbetrommel gerührt wurde und
Wolfgang als der »außerordentlichste Genius, der je erschienen«, gepriesen wurde. Die Mozarts suchten sich in
der Öffentlichkeit beliebt zu machen, wo es nur ging; Wolfgang trat etwa als Organist in der Rotonda in Ranelagh-
Gardens bei einem Wohltätigkeitskonzert zugunsten eines
geplanten Hospitals auf. So gestaltete sich die erste Zeit
des über einjährigen Aufenthaltes auch finanziell überaus
erfolgreich. Als im Sommer 1764 Leopold Mozart schwer
erkrankte, bedeutete dies einen Karriereeinbruch. Vielleicht blieben die Mozarts auch zu lange in London, Sensationen lassen sich eben nicht endlos perpetuieren. Doch im
Frühjahr 1766 stieg wieder die Erfolgskurve zu einem
schönen Abschluß hin.

Deutsche Komponisten haben die musikalische Entwicklung im England des 18. Jahrhunderts stark geprägt: zu
Beginn Händel und gegen Ende Haydn. So konnte es geschehen, daß der kleine Mozart hier zum ersten Mal Musik
aus Oratorien Händels hörte und der alte Haydn ebenfalls
von den Händel-Aufführungen in London sich zur Komposition der »Schöpfung« und der »Jahreszeiten« heraus-
gefordert fühlte. Der jüngste Sohn Johann Sebastian
Bachs, Johann Christian, war zwei Jahre vor den Mozarts
nach London gekommen und dort als Musikmeister der
Königin tätig. Außerdem leitete er, zusammen mit seinem
Komponistenkollegen Karl Friedrich Abel, ein Konzert-
unternehmen; die Bach-Abel-Konzerte waren die großen
Ereignisse im Londoner Musikleben. Bach war von Mai-

land aus nicht als deutscher, sondern als moderner italienischer Musiker nach England engagiert worden. Die
Mozarts lernten Bach im Salon der englischen Königin
kennen. Sein Kontakt mit dem kleinen Wolfgang wurde
zu einer Legende stilisiert: Wolfgang auf dem Schoße
Bachs sitzend und mit ihm zusammen am Cembalo im-
provisierend – Bach als großer Mentor – als derjenige, der
Mozart das »singende Allegro« lehrte. Über ihre tatsächliche Beziehung wissen wir wenig. Für Mozarts kindliche
Anhänglichkeit spricht, daß er dreizehn Jahre später bei
einem Wiedersehen in Paris über Bachs bloß höfliches
Verhalten enttäuscht war. Als Komponist hat Mozart Johann Christian Bach stets hoch geschätzt. Bei dessen Tod
1782 reagierte Mozart, der sich sonst über berühmte Kollegen eher ausschwieg, relativ stark und meinte seinem
Vater gegenüber: »Schade für die Musikalische Welt!«
Vorbild war Bach für Mozart sicherlich; und die Bach-
Abel-Konzerte, wie überhaupt das Londoner Musikleben,
mögen den kleinen Wolfgang oder den geschickt planen-
den Vater dazu veranlaßt haben, erste Sinfonien zu komponieren.

Als die Familie Mozart am 1. August 1765 England verließ, war sie bereits über zwei Jahre lang auf Reisen. An sich war es Zeit, an die Heimreise zu denken. Doch mit einem verlockenden Angebot gelang es dem niederländischen Gesandten in London, Leopold Mozart zu einem Besuch in Den Haag zu überreden. Ein Dreivierteljahr lang hielt sich die Familie dann in den Niederlanden auf, besuchte verschiedene Orte, unter ihnen mehrmals Den Haag und Amsterdam. Die Residenz in Den Haag war damals auch das musikalische Zentrum des Landes. Der junge Prinz Wilhelm V. von Oranien und noch mehr seine Schwester Prinzessin Caroline von Nassau-Weilburg waren große Musikfreunde und begeisterten sich für die Mozart-Kinder. Die unter so günstigen Vorzeichen begonnene Reise führte die Familie aber bald nach Ankunft in Den Haag an den Rand einer Katastrophe. Nannerl und später auch Wolfgang erkrankten an Bauchtyphus, für beide bestand akute Lebensgefahr. Niedergeschlagen berichtete Leopold Mozart seinem Freund Hagenauer nach Hause,

daß Wolfgang »nicht nur absolute unkantbar ist, sondern
nichts als seine zarte Haut und kleine Gebeine mehr an
sich hat« (12. 12. 1765). Neben diesen Sorgen um das Leben der Kinder brachte die lange Zeit der Krankheit die
Eltern auch in eine Situation, in der für Quartier, Ärzte
usw. viel Geld auszugeben, aber keines einzunehmen war.
Erst Ende Januar 1766 waren die Kinder wieder so gesund,
daß sie konzertieren konnten. Und erst jetzt konnten die
Mozarts in die bürgerliche Hansestadt Amsterdam reisen
und dort auftreten. Das hervorstechendste Ereignis während des gesamten Aufenthaltes in den Niederlanden war
für sie die Teilnahme an den Feierlichkeiten zur Inthroni-
sation des volljährig gewordenen Prinzen Wilhelm V. im
März dieses Jahres. Vom höfischen Prunk, den glänzenden
Wagenauffahrten und vielerlei Veranstaltungen waren sie
tief beeindruckt. Die Kinder musizierten auch vor den
Herrschaften, und Wolfgang hatte sein »Galimathias mu-
sicum« (KV 32) für dieses Ereignis komponiert. Zu wel-
chem Anlaß es aufgeführt wurde, wissen wir nicht; der
wenig ernsthafte Titel und der bunte Inhalt dieses Opus
deuten auf einen Unterhaltszweck, etwa als Tafelmusik,
hin. Für Leopold Mozart wird es eine besondere Ehre und
Freude gewesen sein, als seine Violinschule in holländi-
scher Übersetzung während der Festtage dem Prinzen
überreicht wurde. Wie in Paris und London zuvor kam
auch hier alles zu einem guten Ende.

Von nun an ging die Heimreise zügiger voran. Noch einmal
durch die österreichischen Niederlande und Nordfrank-
reich führte der Weg nach Paris. Aber schon nach einem
Monat brach die Familie Mozart am 9. Juli 1766 endgültig Richtung Süden auf. Über Dijon und Lyon, wo überall
konzertiert wurde, erreichte man Ende August Genf. Nach
Stationen in Lausanne und Bern hielt man sich während
der ersten Oktoberhälfte in Zürich auf. Im Saal des Musik-
kollegiums beim Kornhaus (wo heute das neue Stadthaus
steht) gaben die Kinder zwei Konzerte. In Zürich begegne-
ten die Mozarts auch dem liebenswürdigen Idyllendichter
und Maler Salomon Geßner, der ihnen neben anderen

Büchern seine eigenen Werke mit Widmung schenkte;
Mozart hat aber nie etwas davon vertont. Mehrtägige Auf-
enthalte gab es noch in Schaffhausen und am Fürsten-
bergischen Hof in Donaueschingen. Wolfgang war als
Komponist inzwischen schon so versiert, daß er gerne auf
Wünsche musikbegeisterter Fürsten eingehen konnte. In
Lausanne hatte er für Prinz Ludwig Eugen von Württem-
berg Flötensoli und nun für Fürst Joseph Wenzeslaus von
Fürstenberg Violoncellosoli komponiert (beides verloren).
Auf der Weiterfahrt Richtung Nordosten schloß sich der
Kreis der Reiserouten. Ein letzter, etwas längerer Aufenthalt wurde in München eingelegt, teils unfreiwillig, da
Wolfgang an Gelenkrheumatismus erkrankte, teils, um die
Chance zu wahren, bei Hofe zu erscheinen. Auch hier be-
wies Wolfgang sein musikalisches Reaktionsvermögen
und machte aus einem Thema, das ihm Maximilian II. Joseph »vorsang«, ein Stück, das er dem Fürsten nach der
Tafel vorspielte. Nach einer letzten Fahrt mit einem kleinen Umweg aus begreiflichen Gründen über den Marien-
wallfahrtsort Altötting kam die Familie am 29. November
1766 nach dreieinhalb Jahren Abwesenheit wohlbehalten
und mit Recht in jeder Weise zufrieden in der Salzburger
Getreidegasse an.

Kaum ein Jahr lang blieben die Mozarts zu Hause. Schon im September 1767 ging es ohne die Mutter wieder auf Reisen, diesmal nach Wien. Die bevorstehende Vermählung der erst sechzehnjährigen Erzherzogin Josepha mit König Ferdinand IV. von Neapel verhieß gute Gelegenheiten für musikalische Produktionen. Doch all die Pläne wurden von Krankheiten überschattet. In Wien grassierten die Blattern. Als die Kinder von Mozarts Hauswirt erkrankten und Mitte Oktober die erzherzogliche Braut starb, suchte Leopold Mozart mit seinen Kindern der Epidemie zu entkommen und reiste nach Brünn und Olmütz. Dennoch erkrankten zunächst Wolfgang und dann Nannerl. Zu Weihnachten 1767 waren beide so weit wiederhergestellt, daß sie in Brünn ein Konzert geben konnten. Nun endlich konnte die Familie nach Wien zurückkehren und versuchen, die Reiseunternehmung zum Besseren zu wenden. Sie wurde auch von Kaiserin Maria Theresia empfangen; bei dieser Gelegenheit bot Joseph II. Wolfgang an, eine Oper zu komponieren. Über ein Sujet von Carlo Goldoni begann Mozart im Frühjahr 1768 die Opera buffa »La Finta semplice« zu schreiben. Die Arbeit ging gut voran, doch gegen Sommer hin stellte sich heraus, daß Mozart zum ersten Mal in seinem Leben in eine Theaterintrige geraten war. Die Gründe und Drahtzieher sind unklar, aber offensichtlich sollte eine Aufführung verhindert werden. Im Herbst richtete deshalb Leopold Mozart eine Beschwerdeschrift an den Kaiser, in der der Impresario Giuseppe Affligio als Intrigant beschuldigt wurde. Obwohl der Kaiser sich einschaltete, verlief die Untersuchung im Sande; Mozarts erste Oper blieb zunächst unaufgeführt. Als Entschädigung erhielt er kirchenmusikalische Aufträge für die bevorstehende Einweihung der Kirche des Wiener Waisenhauses (rechts von der Kirche) und komponierte die sog. »Waisenhaus-Messe« (KV 139), ein Offertorium (verloren) und ein Trompetenkonzert (KV 47c). Die festliche Aufführung unter Anwesenheit Kaiserin Maria Theresias durfte der fast Dreizehnjährige am 7. Dezember selbst dirigieren. »Die Messe . . hat dasjenige, was die Feinde durch Verhinderung der opera zu verderben gedacht, wieder gut gemacht, und hat den Hof und das publicum, da der Zulauf erstaunlich war, der Bossheit unserer Widersacher überführet.« (14. 12. 1768) Einmal mehr kam ein Reiseaufenthalt zu einem ehrenvollen Abschluß. (In der Gegend der Felder rechts im Bild wurde später der St. Marxer Friedhof angelegt, auf dem Mozart begraben werden sollte.)

Aus der Vogelperspektive ist das nicht mehr erhaltene
Haus des Dr. Franz Anton Mesmer in der oberen Bildmitte
zu sehen (Nr. 261, in der Gegend der Rochuskirche). Besonders bewundert hat Leopold Mozart den »Mesmerschen Garten«: Er sei »unvergleichlich mit Prospekten,
Statuen, Theater, Vogelhaus, Taubenschlag und in der
Höhe ein Belvedere in den Prater hinüber«. Mesmer war
einer der wenigen bürgerlichen Mäzene, die sich der Familie Mozart annahmen. Um über die Intrigen an der Hofoper hinwegzutrösten, beauftragte er Wolfgang mit der
Komposition des Einakters »Bastien und Bastienne«, der

deutschen Version einer französischen Schäferidylle. Die
Konzeption des Werkes läßt auf eine Laienaufführung
schließen; ob sie tatsächlich im Mesmerschen Garten oder
Haus stattfand, ist unklar. Mesmer war ein Musiklieb-
haber, der einige Instrumente spielte, von Beruf aber Arzt
war und als solcher eine Wiener und später Pariser Berühmtheit darstellte. Kaiserin Maria Theresia hatte im
Zuge ihrer Reformen und durch die Berufung des Nieder-
länders Gerhard van Swieten zu ihrem Leibarzt eine »Wiener Medizinische Schule« begründet, die große Bedeutung
erlangte. Innerhalb dieser Schule war Mesmer ein sehr erfolgreicher und auch beneideter Außenseiter, der zeitlebens um die Anerkennung seiner Lehre vom animalen
Magnetismus, des sog. Mesmerismus, kämpfte. Oft als
Scharlatan und Wunderheiler abgetan, war Mesmer doch
ein beachtenswerter Anreger für die Entwicklung der Psy-
chotherapie. Er gilt als ein Begründer der Hypnosethera-
pie; seine Verwendung der Musik bei der Behandlung
nimmt vorweg, was heutzutage rezeptive Gruppenmusik-
therapie genannt wird. Zwanzig Jahre später sollte Mozart
im ersten Finale der »Così fan tutte« noch einmal auf seinen Mäzen zurückkommen, wenn die als Arzt verkleidete
Despina die beiden angeblich vergifteten Liebhaber mit einem großen Magneten heilt; Mozart und da Ponte dürften
demnach den Mesmerismus nicht ganz ernst genommen
haben.

Auch diesmal blieb die Familie nur knapp ein Jahr lang in Salzburg vereinigt. Einem älteren Plan folgend, strebte Leopold Mozart nun energisch eine Italienreise an, um zu verhindern, daß Wolfgang »in die Jahre und denjenigen Wachsthum kommt, die seinen Verdiensten die Verwunderung entziehn«, bevor er sich im klassischen Musikland präsentieren könne. Italien und italienische Musiker hielten seit dem frühen Barock eine beherrschende Stellung in der Welt der Musik. Ohne sich in Italien einen Namen gemacht zu haben, war eine Karriere kaum möglich. Deutsche Musiker wie Händel, Joh. Chr. Bach, Hasse oder Gluck mußten sich in Italien bewähren, um anderswo und selbst in ihrer Heimat entsprechend anerkannt zu werden. Wenn auch Städte wie Paris, London und Wien immer mehr zur Konkurrenz wurden und die Bedeutung der deutschen Musik stieg, blieb doch die Oper noch lange die Domäne Italiens. Besonders auf diesem Gebiet also hatte sich Mozart durchzusetzen. In der Geschichte Italiens war die zweite Hälfte des 18. Jahrhunderts eine Zeit relativer Ruhe, ausgelöst durch den Sieg der Österreicher über die Franzosen und Spanier und gegründet auf einer im Frieden von Aachen 1748 festgelegten Ordnung. Danach war Oberitalien weitgehend unter österreichischer Herrschaft. Die Lombardei, Mantua und Triest gehörten dem Hause Habsburg, die Toskana und Modena standen unter indirekter habsburgischer Regentschaft. Diese Fremdherrschaft brachte Stabilität, maria-theresianische Verwaltungsreformen und Förderung von Wirtschaft und Kultur. Umgekehrt war die italienische Kultur und Kunst am Wiener Kaiserhof und ähnlich auch in Salzburg seit dem Barockzeitalter stark vertreten und gerade für Musik und Theater eine bestimmende Größe. Als Vater und Sohn Mozart kurz vor Weihnachten 1769 zum ersten Mal Richtung Süden aufbrachen, war ihnen diese politische und kulturelle Situation von großem Nutzen. Vielfache Kontakte wurden von Salzburg und Wien aus geknüpft, Empfehlungsschreiben eingeholt und wichtige Stationen anvisiert. Die Reiseroute führte über Tirol, das Etschtal flußabwärts bis Verona. In dieser damals venezianischen Stadt gab Wolfgang in der traditionsreichen Accademia filarmonica sein erstes Konzert in Italien.

Von Verona über Mantua, wo Mozart ein Konzert mit einigen seiner Sinfonien gab, wurde Ende Januar 1770 Mailand, die Hauptstadt der Lombardei und Residenz des
Gouverneurs Erzherzog Ferdinand, erreicht. Das öster-
reichische Mailand war Ausgangspunkt und Zentrum der
italienischen Unternehmungen Mozarts und sollte sich
auch im frühen 19. Jahrhundert als jener Ort, an dem Mozarts Musik am meisten geschätzt war, erweisen. In Mailand lebte der größte Förderer Mozarts in Italien, der Mini-
ster beim Generalgouvernement Karl Joseph von Firmian,
ein Neffe von Leopold Mozarts erstem Salzburger Dienst-
herrn. Graf Firmian war ein Liebhaber von Kunst und
Wissenschaft; seine Privatbibliothek bildete den Grund-
stock der berühmten Mailänder Brera. In seinem Palazzo
gab Mozart am 12. März ein vielbeachtetes Konzert vor
150 Angehörigen des Hochadels.

Tags darauf erhielt Mozart einen Vertrag zur Komposition einer Oper für die Karnevalssaison 1770/71: eine ungewöhnliche Chance für einen jungen Musiker. Vom Glanz solch eines Mailänder Karnevals konnten sich die Mozarts im Theater und bei Bällen bereits jetzt ein Bild machen. Das Teatro della Scala wurde allerdings erst 1778 erbaut. Die Opern wurden damals noch im Teatro Ducale (1776 abgebrannt) aufgeführt. Mit dem schönen Gefühl einer gesicherten Wiederkehr konnten die beiden Salzburger am 15. März weiter Richtung Süden reisen. Auch für die nächsten Stationen war gut vorgesorgt, hatte Leopold Mozart doch vom hochangesehenen Grafen Firmian Empfehlungsschreiben nach Bologna, Parma, Florenz, Rom und Neapel mit auf den Weg bekommen.

Beim ersten kurzen Besuch in Bologna konnte Mozart einmal mehr vor einer erlesenen Gesellschaft von Aristokraten, hoher Geistlichkeit und prominenten Musikern konzertieren. Auch ergab sich ein Kontakt zu Padre Giovanni
Battista Martini, der als Kenner alter Musik internationa-
les Ansehen genoß. Der selbst hochgebildete Leopold Mozart mag das Gespräch mit dem Padre gesucht haben. Außerdem konnte ein Nimbus musikalischer Gelehrsamkeit
für Wolfgang nur vorteilhaft sein. Auf der Rückreise aus
Rom im Herbst 1770 wurde die Beziehung noch vertieft.
Padre Martini protegierte auch die Aufnahme Wolfgangs
in die angesehene Accademia filarmonica. Wolfgang war
wohl die moderne Fugenkomposition im galanten Stil vertraut, bei der Prüfungsarbeit für die Bologneser Accademia
zeigte sich jedoch, daß er den strengen alten Kontrapunkt
nicht gut beherrschte.

Besondere Hoffnungen machten sich Vater und Sohn Mozart in Florenz. Großherzog Leopold empfing sie schon zwei Tage nach ihrer Ankunft im Anschluß an ein Hochamt im Palazzo Pitti. Der Sohn Maria Theresias erinnerte sich des Auftritts der beiden Mozart-Kinder am Wiener Hof. Wieder einen Tag später wurde für Mozart eine Akademie in der Sommerresidenz Poggio Imperiale gegeben. Alles lief ausgezeichnet. So ist es kaum verwunderlich, daß sich Leopold Mozart drei Jahre später bei einem letzten Mailand-Aufenthalt um eine Anstellung seines Sohnes in Florenz nachdrücklich bemühte. Doch stärker als die Fürsprache des Grafen Firmian waren wohl die Bedenken gegen ›unnütze, herumziehende Leute‹, die die Kaiserin gegenüber ihren erzherzöglichen Söhnen in Italien geäußert hatte.

Vater und Sohn Mozart, die am Mittwoch der Karwoche
1770 Rom erstmals betraten, waren andere Italienfahrer
als Winckelmann oder Goethe. Nach einer inneren Um-
kehr fern vom offiziellen Gesellschaftsleben stand ihnen
nicht der Sinn, im Gegenteil, sie trachteten auch hier vor
allem Ruhm zu ernten. In Soireen kamen die beiden
Musiker kaum mit jungen deutschen Künstlern, aber mit
inkognito reisenden Fürsten in Kontakt. Bei Konzerten im
Palazzo Chigi und im Palazzo Barberini lernten sie etwa
den englischen Thronanwärter Charles Edward Stuart,
der sich in Rom Graf von Albany nannte, kennen. Auch
machten sie Besichtigungstouren. So besuchten sie mit
einigen Engländern zusammen den Park der Villa Medici
und vergnügten sich bei Festen und Illuminationen.

Noch am Ankunftstag wollten sich die beiden Mozarts ein musikalisches Karwochenereignis nicht entgehen lassen: die alljährliche Aufführung des »Miserere« von Gregorio Allegri in der Sixtinischen Kapelle. Ohne es verhindern zu können, achtete die päpstliche Musikkapelle darauf, daß diese neunstimmige doppelchörige Komposition nicht kopiert werde. Wolfgang hat von dieser (allerdings nicht so komplizierten, wie oft behauptet) Komposition aus dem Gedächtnis eine Niederschrift angefertigt. Tags darauf, am Gründonnerstag, versuchten die beiden, nach der Fußwaschung zur Kardinalstafel vorzudringen, was ihnen dank bester Kleidung und dem selbstsicheren Auftreten Leopold Mozarts auch gelang. Als ungebetener Gast hatte Wolfgang sogar die Sympathie des Kardinalstaatssekretärs Pallavicini gewonnen, der sich über ihn bereits informiert zeigte.

Während des zweiten Rom-Aufenthalts, auf der Rückreise von Neapel, erhielt Mozart – als Höhepunkt an Ehren in Italien – den päpstlichen Orden vom Goldenen Sporn. Kardinalstaatssekretär Pallavicini überreichte am 5. Juli 1770 im Palazzo Quirinale die Insignien, das Kreuz am roten Band, den Degen und die Sporen. Mozart bekam die höchste Klasse dieses Ordens, die als Musiker vor ihm nur Orlando di Lasso einst erhalten hatte. Einige Tage darauf wurde er von Papst Clemens XIV. empfangen. In typischer Weise machte sich Mozart später über seinen Orden manchmal lustig, war aber auch sehr stolz auf ihn.

Diesen Stich von Neapel brachte Leopold Mozart als An-
denken mit nach Hause. Auf ihm sind neben der Kirche
Santa Maria della Vittoria die Palazzi des britischen, französischen und des kaiserlichen Gesandten zu sehen. In allen drei waren die Mozarts zu Gast und musizierten. Zu
einem Konzert am Hofe König Ferdinands IV. kam es jedoch nicht. Ein besonderer Anziehungspunkt für sie waren freilich die Opernaufführungen im berühmten Teatro
di San Carlo. Sehenswürdigkeiten wie die Sibyllinische
Grotte von Cumae, römische Ausgrabungsstätten oder der
Vesuv wurden besucht: »Montags und Erchtags etc: werden wir den Vesuvium etwas näher betrachten, Pompea
und das Herculanum die Stätte so man ausgrabt und die
bereits gefundenen Seltenheiten bewundern . . . welches
alles Geld kosten wird.« Von Schwärmerei wie bei anderen
Italienreisenden ist da keine Rede.

LUCIO SILLA
DRAMMA PER MUSICA
DA RAPPRESENTARSI
NEL REGIO-DUCAL TEATRO
DI MILANO
Nel Carnovale dell' anno 1773
DEDICATO
ALLE LL. AA. RR.
IL SERENISSIMO ARCIDUCA
FERDINANDO
*Principe Reale d' Ungheria , e Boemia , Arciduca d' Auftria
Duca di Borgogna , e di Lorena ec . , Cefareo Reale
Luogo-Teuente , Governatore , e Capitano
Generale nella Lombardia Auftriaca ,*
E LA
SERENISSIMA ARCIDUCHESSA
**MARIA RICCIARDA
BEATRICE D' ESTE**
PRINCIPESSA DI MODENA.

IN MILANO,

Preffo Gio. Batifta Bianchi Regio Stampatore
Con licenza de' Superiori .

Mozart hat für die Mailänder Hofoper drei Stücke geschrieben: die Oper »Mitridate, Rè di Ponto« (26. 12.
1770), im Auftrag von Kaiserin Maria Theresia die Serenata teatrale »Ascanio in Alba« zur Hochzeit Erzherzog
Ferdinands mit Prinzessin Maria Ricciarda Beatrice d'Este
(17. 10. 1771) und die Oper »Lucio Silla« (26. 12. 1772).
Letztere ist im Karneval siebenundzwanzigmal aufgeführt
worden, sie wurde also zu einem großen Erfolg. Aufwand
und Niveau aller Mailänder Aufführungen waren beacht-
lich hoch. Für Mozart als Opernkomponist schien es ein
glänzender Start gewesen zu sein; dennoch erhielt er nie
mehr wieder einen Opernauftrag in Italien. Die Gründe
dafür und für die Vergeblichkeit der Bemühungen Leopold
Mozarts, seinem Sohn eine Stelle bei Hofe zu verschaffen,

> La Poesia è del Sig. De Gamera Poeta
> del Regio-Ducal Teatro.
>
> *Compositore della Musica.*
>
> Il Sig. Cavaliere Amadeo Wolfango Mozart Accademico Filarmonico di Bologna, e di Verona, e Maestro della Musica di Camera di S. A. Reverendissima l'Arcivescovo, e Principe di Salisburgo.
>
> *Inventori, e Pittori delle Scene.*
>
> Li Signori Fratelli Galliari.
>
> *Inventori degli Abiti.*
>
> Li SS. Francesco Motta, e Gio. Mazza.
>
> COM.

sind nicht zu durchschauen. Vielleicht war die kühne, teilweise recht düstere Musik für die Römeroper »Lucio Silla« den Italienern zu ungewohnt, vielleicht schreckte das unstete Leben Mozarts mögliche Dienstgeber ab.

Vier Monate nach ihrer Rückkehr von der dritten Italienreise verließen Vater und Sohn Mozart Salzburg erneut,
einmal mehr in Richtung Wien. Der dortige Sommerauf-
enthalt erneuerte den freundschaftlichen Kontakt mit dem
Arzt Franz Anton Mesmer und brachte Begegnungen mit
Künstlern und angesehenen Bürgern. Die Aristokratie war
auf ihren Sommersitzen. Kaiserin Maria Theresia empfing
die Mozarts »zwar sehr gnädig . . ., allein dieses war auch
alles«. Besonders ertragreich oder erfolgversprechend verlief der Aufenthalt also nicht. Nach einem äußerlich ruhig
verbrachten Jahr in der neuen Salzburger Wohnung im
Tanzmeisterhaus – und einer die Individualisierung des
musikalischen Stils intensivierenden kompositorischen
Entwicklung – begann Mozart im Frühherbst 1774 mit der
Komposition der Opera buffa »La Finta giardiniera« für

die bevorstehende Münchner Karnevalssaison. Die Inter-
essen richteten sich nach der Wiener Enttäuschung wieder
stärker auf den bayerischen Hof. Anfang Dezember reisten
Vater und Sohn nach München, um die Aufführung vorzu-
bereiten. Ihr Termin 29. Dezember konnte nicht gehalten
werden, da weitere Proben nötig waren. Unlieb wird den
beiden Herren die Verzögerung nicht gewesen sein. Anfang Januar ließen sie Nannerl mit Freundinnen nach-
kommen, und die damit fast vollständige Familie konnte
nun das Faschingstreiben mit vielen Maskenbällen genie-
ßen. Das Hochgefühl steigerten noch musikalische Erfolge; so bestand Mozart ein Wettspiel gegen den Pianisten
Ignaz von Becke glänzend. Das große Ereignis war natürlich die Aufführung der »Finta giardiniera« am 13. Januar
1775 im Redoutensaal in Anwesenheit des kurfürstlichen
Hofes. In Kritiken war von »Genieflammen« die Rede;
auch heutige Fachleute sehen in dieser Oper einen wichtigen Schritt weg von den Opera-buffa-Klischees hin zu den
Opern der Wiener Zeit. Allerdings erhielt sie nur zwei
Wiederholungen, und die Erwartung auf einen Opera-
seria-Auftrag erfüllten sich vorerst nicht.

Nach der Rückkehr aus München blieb Mozart zweieinhalb Jahre, also ungewöhnlich lang, in Salzburg. Mit der
Ungeduld wuchs die gereizte Stimmung gegenüber dem
Erzbischof, der sich nach Urlaubs- und dann sogar Dienst-
entlassungsgesuchen zögerlich verhielt. Schließlich ließ er
ihn ohne den Vater ziehen. Wolfgang begab sich im September 1777 mit der Mutter auf die Suche nach einer ehrenvollen Stellung an einem möglichst großen Hofe. Zum ersten
Mal war nun der Einundzwanzigjährige für sich und andere verantwortlich. In München fruchteten heftige Interventionen bei Hofe wenig. Kurfürst Maximilian III. Joseph

blieb bei seinem »es ist keine vacatur da«. In uneingestan-
dener Enttäuschung reisten Mutter und Sohn am 11. Oktober 1777 nach Augsburg weiter. Wenn Vater Mozart bei
seinem Sohn einen Realitätsverlust bemerkte und ihn vor
unüberlegten Handlungen und Leichtgläubigkeit warnte,
so hatte er wohl recht; offensichtlich haben erlittene Kränkungen Wolfgangs euphorische Aufbruchsstimmung in einer Art Verdrängungsmechanismus noch verstärkt. In diesem Seelenzustand kam ihm seine muntere Cousine Maria
Anna Thekla, das »Bäsle«, gerade recht. Die Briefe, die
er ihr später schrieb, blieben lange eine Peinlichkeit für
Mozart-Verehrer, bis ihr Fäkalhumor, ihre Anzüglichkei-
ten und eine sich zu literarischen Grotesken stilisierende
Nonsens-Phantasie jüngst zu faszinieren begann und im
»Amadeus«-Rummel mündete. Ob Mozart mit dem Bäsle
»was hatte«, führte zu kuriosen Diskussionen bei Psycho-
logen und Historikern. Eine Seelentrösterin war sie für ihn
sicherlich, nicht nur für künstlerische, sondern auch für
amouröse Enttäuschungen. Als solche bewährte sie sich
nach der mißglückten Beziehung zu Aloisia Weber. Sie reiste Anfang 1779 sogar nach Salzburg und blieb dort einige
Monate. Als Mozart sich in Wien mit Constanze Weber
liierte, hat er das »Bäsle« mit einem höflichen Brief aus
seinem Leben verabschiedet.

Als Mozart am 30. Oktober 1777 in Mannheim ankam, war er nicht in irgendeiner Residenzstadt, sondern in einem kulturellen Zentrum des Reiches, im »pfälzischen Athen«, angelangt. Kurfürst Karl Theodor hatte sich bei seinen hochfahrenden Plänen an das Vorbild Versailles gehalten. Naturwissenschaftliche und Wirtschaftsschulen, Akademien für Sprachen und bildende Künste, die Bibliothek, diverse Sammlungen und die Gemäldegalerie machten Mannheim ebenso berühmt wie sein Theater- und Musikleben. In Europa einzigartig und von den Zeitgenossen viel bewundert war das Mannheimer Orchester. Durch gezielte Probenarbeit wurde eine für die damalige Zeit ungewöhnliche Perfektion und Ausdrucksvielfalt erreicht. Der Literat Christian Daniel Friedrich Schubart schwärmte: »Sein Forte ist ein Donner, sein Crescendo ein Katarakt, sein Diminuendo ein in die Ferne hinplätschernder Kri-

stallfluß, sein Piano ein Frühlingshauch.« Es versteht sich
von selbst, daß die hervorragenden Musiker jeder Konkurrenz von außen skeptisch entgegentraten. Das erschütterte
Mozarts Selbstbewußtsein aber nicht: »sie dencken sich
halt, weil ich klein und jung bin, so kann nichts grosses und
altes hinter mir stecken; sie werden es aber bald erfahren.«
Als ein reisender Musiker hatte sich Mozart, wollte er Erfolg haben, auf die lokalen Verhältnisse einzustellen. Ab-
wechslungsreichtum, knallige Effekte und die Freude am
musikalischen Zierat waren Charakteristika des Mannheimer Stils. Mozart ging auf sie ebenso wie auf Fähigkeiten
und Vorlieben seiner Interpreten ein, egal, ob es sich um
einen Flötisten oder um einen Sänger handelte. Er verstand es auch, berufliche Chancen zu kalkulieren. Um eine
Anstellung oder zumindest einen Opernauftrag vom Kurfürsten zu erhalten, bemühte er sich um dessen Klavier
spielende Kinder und komponierte für die Komtesse Karoline Luise ein Rondeau. Genützt hat all das nichts. Der
Kurfürst hielt Mozart hin, bis diesem nichts anderes übrig-
blieb, als im Frühjahr 1778 Richtung Paris weiterzureisen.
Das vielgerühmte »Paradies der Tonkünstler Mannheim«
blieb Mozart auf Dauer unerreichbar.

Der für die Kirchenmusik zuständige Mannheimer Vizekapellmeister war Georg Joseph Vogler (1749-1814), ein
hochgebildeter Musiker und Priester (»Tonwissenschaft
und Tonsetzkunst«, 1776), der kurz nach Mozart eine
ebenfalls sehr erfolgreiche Italienreise absolviert hatte. Für
Mozart war er ein »elender Musickalischer Spaß-Macher.
ein Mensch der sich recht viell einbildet und nicht viell
kann.« Vogler war in seinen Augen derjenige, der die Er-
füllung der Hoffnungen beim Kurfürsten hintertrieb.

Wirklich zu einem Freund wurde der Konzertmeister Chri-
stian Cannabich. In seinem Haus verkehrten Sohn und
Mutter Mozart viel. Hier wurde musiziert und wurden Be-
kanntschaften gemacht. Cannabich protegierte Mozart,
wo er konnte, auch beim Kapellmeister Ignaz Holzbauer.
Mozart wiederum komponierte Werke für Cannabichs
Tochter und dessen Freunde und beurteilte ihn selbst als
Musiker viel besser als zuvor: Er sei nun »ein ganz anderer
Mann«.

Ce moderne Amphion charme la Germanie;
il fut flatter encor la superbe Ausonie.
Artiste vertueux et sublime Chanteur,
on admire la Voix, on estime son Coeur.
A.R.

dessiné et gravé par son Ecolier et très-humble Serviteur
G.A. Forster 1782

Anton Raaff war einer der großen Tenöre der Zeit mit einer entsprechend internationalen Karriere. Raaff, der neben einer schönen Naturstimme eine hervorragende Technik besaß, wurde für den Vokalkomponisten Mozart in Mannheim zum Vorbild. Mozart schätzte ihn als Menschen und Sänger sehr, machte sich aber über dessen unbeholfene Bühnenerscheinung lustig. Noch im Alter von 67 Jahren sang Raaff als erster den »Idomeneo« in München (1781).

G. BENDA.

Auf der Suche nach neuen musikdramatischen Möglichkeiten hat sich Mozart in Mannheim besonders für Georg
Bendas Melodramen »Medea« und »Ariadne auf Naxos«
begeistert: »mich hat noch niemal etwas so surprenirt!«
(12. 11. 1778) Mozart sah in den Melodramen einen Anreiz, den Ausdruck, vor allem der Rezitative, in der Oper zu
steigern. Eine von ihm begonnene Melodramen-Komposi-
tion über den Semiramis-Stoff blieb nicht erhalten.

Lessing oder Goethe waren damals im literarischen Wien
und Salzburg keine großen Namen. Umgekehrt vertonte
Mozart in seinen Liedern Texte von Dichtern, die heute
kaum jemand kennt; nur einen der Großen des literarischen Weimar hat Mozart persönlich kennengelernt: Christoph Martin Wieland. Dieser war viel mehr als heute ein
berühmter und vielgelesener Autor. Leopold Mozart zi-
tierte in seinen Briefen mehrmals Werke Wielands (»Abde-
riten«, »Sympathien«). Seines Sohnes Interesse erweckte
Wieland vor allem als Förderer des deutschen Singspiels.
Als Wieland zur Weihnachtszeit 1777 nach Mannheim
kam, um seine gemeinsam mit dem Komponisten Anton

Schweitzer verfaßte Oper »Rosamunde« aufgeführt zu sehen, war Mozart bemüht, ihn zu treffen. Eine erste Begeg-
nung verlief nicht nach Mozarts Wünschen, entsprechend
sarkastisch charakterisierte er Wieland: »er kommt mir im
reden ein wenig gezwungen vor. Eine ziemlich kindische
stimme; ein beständiges gläselgucken, eine gewisse gelehrte grobheit, und doch zuweilen eine dumme herablas-
sung. mich wundert aber nicht daß er . . . sich hier so zu
betragen geruhet, denn die leute sehen ihn hier an, als
wenn er vom himmel herabgefahren wäre. man genirt sich
ordentlich wegen ihm, man redet nichts, man ist still; man
giebt auf jedes wort acht, was er spricht, – – nur schade daß
die leute oft so lange in der erwartung seyn müssen, denn
er hat einen defect in der Zunge, vermög er ganz sachte
redet, und nicht 6 worte sagen kann, ohne einzuhalten . . .
das gesicht ist von herzen hässlich, mit blattern angefüllt,
und eine ziemlich lange Nase. die statur wird seyn: beyläu-
fig etwas grösser als der Papa.« (28. 12. 1777) Bei einem
zweiten Treffen gab sich Wieland endlich »ganz bezaubert« durch Mozarts Klavierspiel. Zur erhofften Zusammenarbeit kam es nicht, dennoch blieb Wielands Sing-
spielideal auch für Mozart als Komponist maßgebend.

HERR UND MADAME LANGE
Mitglieder des K. K. National
Hoftheaters in Wien.

Aloisia Weber war wohl Mozarts große Liebe – jedenfalls
war sie diejenige Frau, die ihm den größten Liebeskum-
mer bereitet hatte. Die Ironie des Schicksals wollte es, daß
sie später seine Schwägerin wurde. Die Musikerfamilie
Weber lernte Mozart in Mannheim kennen, wo auch die
Äffäre begann. Er verliebte sich bald in Aloisia. Diploma-
tisch führte er »einen gewissen Herrn Weber« als einen
»grund-ehrlichen teutschen Man« bei seinem Vater in
Salzburg ein (17. 1. 1778). Gefruchtet hat das wenig: Leopold Mozart war von vornherein gegen die »Weberischen«
eingestellt und änderte seine negative Meinung nie. Er sah
die Verbindung seines Sohnes zu dieser Familie als sozia-

len Abstieg an. An sich waren die Weberischen jedoch hochbegabte Leute. Der große Komponist Carl Maria von Weber war ein leiblicher Neffe von Fridolin Weber. Dieser selbst war ein guter Geiger, drei seiner Töchter wurden Berufssängerinnen, und auch die vierte, Mozarts spätere Frau Constanze, vermochte als Sängerin vor der Öffentlichkeit zu bestehen. Die begabteste und erfolgreichste unter den singenden Töchtern aber war Aloisia. Sie war damals 17 Jahre alt. Mozart war von ihrem Wesen, ihrem Aussehen und von ihren außergewöhnlichen sängerischen Fähigkeiten bezaubert. Aloisia ihrerseits erkannte, wieviel sie vom Musiker Mozart profitieren konnte, ernsthaft verliebt in ihn war sie kaum. Mozart hat dieses ungleiche Verhältnis ignoriert, aber instinktiv erfaßt. So suchte er die Nähe über die Musik, studierte Gesangspartien mit Aloisia und komponierte Arien für sie und ihre Stimme. Hier und später von Paris aus versuchte er, sie zu einer gemeinsamen Italienreise zu animieren. Sie ging nicht darauf ein, und Vater Leopold Mozart hielt alle Pläne mit dem Mädchen für unsinnige Chimären. Ende 1778, auf der Heimreise von Paris, sah er Aloisia in München wieder. Ihre kühle Distanz stürzte ihn in Verzweiflung über das Ende einer Liebe. Die Sängerin Aloisia Lange (ihr Mann, der Hofschauspieler Joseph Lange, hat ein bekanntes Mozart-Porträt gemalt) schätzte er auch in seiner Wiener Zeit hoch. Man kann sagen, die Liebe blieb im Medium Musik erhalten; Mozart komponierte für sie weiterhin Arien und trat mit ihr gemeinsam in Konzerten auf.

Als Mozart am 14. März 1778 von Mannheim aus mit seiner Mutter zum zweiten Mal nach Paris aufbrach, war er
dem Wunderkindalter längst entwachsen und inzwischen
zu einem renommierten Komponisten geworden. Das
halbe Jahr vom Frühjahr bis zum Herbst 1778 war für ihn
eine schwierige Zeit. Nicht nur er war ein anderer geworden, auch die Pariser verhielten sich anders zu ihm. Mozart
wurde nicht mehr als musikalisches Wunder bestaunt, sondern er war nun einer von vielen ausländischen Musikern,
die in Paris ihr Glück suchten. Dabei blieb Mozart nicht so
erfolglos, wie es ihm in seiner Ungeduld erschien. Schon in
den ersten Monaten erklang seine Musik in den berühmten »Concerts spirituels« und in der königlichen Oper. Er
verstand es auch, sich auf den Pariser Geschmack als Komponist einzustellen. Dennoch fühlte er sich von Neidern
und Intriganten verfolgt. Was Mozart verkannte, war die
Tatsache, daß Musiker, Intellektuelle und die Gesellschaft
der Pariser Salons mit ganz anderen Sensationen beschäftigt waren als mit ihm. Der alte Streit zwischen Anhängern

der ernsten französischen Oper und denen der italienischen Opera buffa war wieder einmal losgebrochen. Im
Grunde war es ein Stellvertreterkrieg zwischen der Hof-
partei und der fortschrittlichen Intelligenz, und in ihm
spielte Mozart keinerlei Rolle. Vielmehr hießen die musikalischen Kontrahenten Christoph Willibald Gluck und
Nicola Piccinni. In seiner Gereiztheit entfremdete sich
Mozart auch von seinem alten Gönner Melchior Grimm.
Verschlimmert wurde alles durch die schwere Erkrankung
seiner Mutter, die sich von Anfang an in Paris nicht wohl
und vereinsamt fühlte. Mozart stand ihrem Zustand hilflos
gegenüber und gab ihrer Angst vor Ärzten nach, bis es zu
spät war. Ihr Tod in der Fremde war für ihn und nicht minder für Vater und Schwester zu Hause ein Schock. Der Vater und Melchior Grimm versuchten, Mozart klarzuma-
chen, daß nun für ihn in Paris kein Bleiben mehr sei. Nach
längerem Zögern begab er sich Ende September auf eine
an Unterbrechungen reiche Heimreise. So endete ein Aus-
bruchsversuch doch wieder, und auch das nur nach vielfältigen Interventionen, im ungeliebten Salzburger Hof-
dienst.

IN WIEN

Anfang der 1780er Jahre hatte Wien etwa 200000 Ein-
wohner. Davon lebten 50000 in der eigentlichen Residenzstadt (s. Vogelschau), die restlichen in den Vorstädten
innerhalb des Linienwalls. Die Bevölkerung nahm, besonders in den Vorstädten, stark zu. Grund dafür war die
steigende wirtschaftliche Bedeutung der Residenz des
Habsburgerreiches. Der Reichtum der Stadt lag überwie-
gend in Händen des Adels, der kaum drei Prozent der Bevölkerung ausmachte. Die erste Gesellschaft bestand aus
etwa 20 fürstlichen und 70 gräflichen Familien. Auch der
hohe Klerus bestand aus Adeligen. Insgesamt gab es in
Wien zu Beginn der Regentschaft Kaiser Josephs II. fast
2000 Geistliche. Der Großteil der Bevölkerung lebte in
Armut. Eine mittlere Position nahmen Beamte, Militärs,
Hofagenten und Wirtschaftstreibende ein, die dem niede-
ren Adel und dem gehobenen Bürgertum angehörten. Die
Ansammlung von Hochadel in der Residenz brachte viel
Reichtum in die Stadt. Die großen Familien besaßen in der
Regel sowohl ein Stadtpalais als auch einen Sommersitz

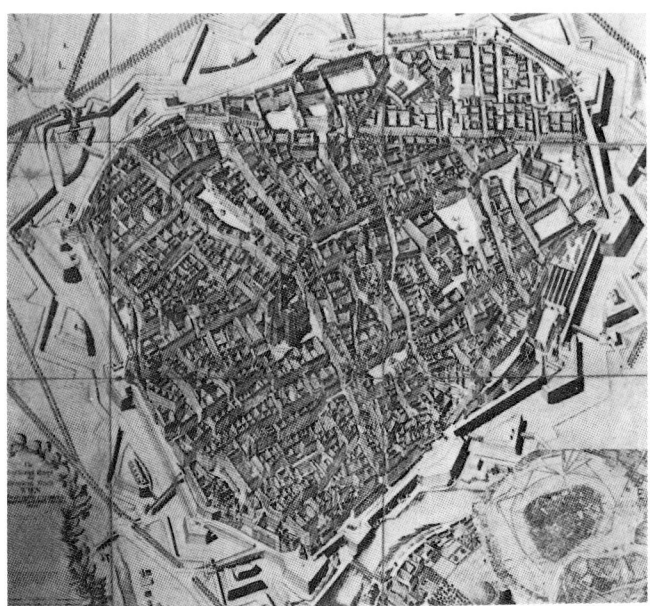

in den Vorstädten oder in der etwas weiteren Umgebung Wiens. Da Joseph II. jeden höfischen Prunk mied, gab er damit ungewollt dem Hochadel einen Anreiz, sein Repräsentationsbedürfnis in eigenen Palästen um so glanzvoller zu befriedigen. Diese Konstellation gab einer großen Zahl von Musikern ungewöhnliche Chancen. Die kaiserliche Hofkapelle bekam Konkurrenz in vielen Adelskapellen, die ihrerseits untereinander rivalisierten und insgesamt das Niveau und die Vielfalt des Musiklebens hoben.

Die kaiserliche Sommerresidenz Schönbrunn (1695 von J. B. Fischer von Erlach begonnen) entstand unter dem Einfluß des Schlosses von Versailles als sichtbarer Ausdruck einer Staatsidee. Der habsburgische Großmachtanspruch hatte freilich nach Karl VI. sein Gesicht wesentlich verändert: Maria Theresias Reformen richteten sich gegen die föderative Struktur ständisch geprägter Kronländer. Eine zentralistische Ordnung zum Nutzen der Staatsmacht und der sozialen Wohlfahrt war nun das Ziel. Für den aufgeklärten Absolutismus Maria Theresias und noch viel weniger für den ihres Sohnes Joseph II. war der Prunk Schönbrunns nicht mehr das richtige Symbol. Beide Herrscher schränkten das Zeremoniell mehr und mehr ein. Mit dieser Entwicklung ging auch die Bedeutung der kaiserlichen Hofkapelle deutlich zurück. Die sehr musikliebenden Majestäten setzten aber andere, zum Teil ausgesprochen neuartige und politische Akzente im Musikleben (z. B. in der Pflege des deutschen Nationalsingspiels). In der Aufführungsgeschichte Mozartischer Musik ist das Schloß Schönbrunn von geringer Bedeutung. Im Februar 1786 wurde »Der Schauspieldirektor« hier erstmals gespielt.

Ein für Mozart viel wichtigerer Ort war der Michaelerplatz, der östlich an die Hofburg anschließt. Zwei Aufführungsstätten befanden sich damals an diesem Platz: die heute noch dort stehende Kirche St. Michael und das ehemalige Burgtheater (im rechten Bild rechts von der Winterreitschule). In diesem Theater trat Mozart mehrmals als Pianist in Konzerten auf. Vor allem aber wurden hier »Die Entführung aus dem Serail«, »Le Nozze di Figaro« und »Così fan tutte« uraufgeführt und »Don Giovanni« zum ersten Mal in Wien gespielt. Das Augenmerk der musikalischen Welt Wiens war in besonderer Weise auf dieses Haus gerichtet. Vielfach entschied sich hier über den Augenblick hinaus Erfolg oder Mißerfolg. In Anbetracht dieser Bedeutung waren Künstlerintrigen unvermeidlich; aber auch prinzipielle Weichenstellungen, etwa zwischen dem rivalisierenden deutschen Singspiel und der italienischen Oper, wurden hier vollzogen. Am Anfang des Kohlmarkts, einer Straße, die vom Michaelerplatz zum Graben führt, stehen

weitere musikhistorisch erwähnenswerte Gebäude. Im
Haus links vorn ist die damals bekannte Musikalienhand-
lung Artaria zu sehen. Das Gebäude links von der Kirche
ist das Große Michaelerhaus, in dem der berühmteste
Librettist des 18. Jahrhunderts, Pietro Metastasio, und
für kurze Zeit auch der junge Joseph Haydn wohnten. In
einem Haus dahinter logierte Mozart von Februar bis
April 1783.

Die um den heutigen Josephsplatz gruppierten Gebäude
der Hofburg enthalten zwei Mozart-Aufführungsstätten.
In der Hofbibliothek (Bildmitte) traf sich regelmäßig jener
Musikerkreis um Gottfried van Swieten, dem auch Mozart
angehörte; musiziert wurde vermutlich nicht im Prunk-
saal, sondern in der Dienstwohnung van Swietens. Völlig
andere musikalische Sphären sind mit den Redoutensälen
(im Gebäudetrakt rechts im Bild) zu assoziieren. Hier fanden Hofveranstaltungen mit Musik statt, vor allem aber
waren die Redoutensäle der Ort jener Bälle, die Kaiser
Joseph II. zur Annäherung von Aristokratie und Bürgertum nachdrücklich förderte. Mozart hat in seiner Stellung
als Hofkomponist ab 1787 viel Tanzmusik für diese Bälle
komponiert.

»Zur Mehlgrube« nannte sich ein städtisches Kasino gegenüber der Kapuzinerkirche am Neuen Markt. Der
prächtige Bau war Ende des 17. Jahrhunderts errichtet
worden. In ihm gab es Bälle, musikalische Akademien,
verschiedene Unterhaltungen, Spiel- und Restaurantbe-
trieb. Geschäftstüchtige Leute konnten sich hier als Veran-
stalter versuchen. Philipp Jakob Martin, ein junger Deutscher, organisierte die ersten Wiener Dilettantenkonzerte
(die Bläser waren allerdings Berufsmusiker). Mozart arbei-
tete mit ihm zusammen und trat auch in der »Mehlgrube«
auf. Er schilderte den Jungunternehmer Martin als einen
»recht guten, Jungen Menschen, der sich durch seine Mu-
sique, durch seine schöne Schrift, und überhaubt durch
seine geschicklichkeit, guten Kopf, und starken geist, sich
fortzubringen bemühet« (29. 5. 1782).

In der Oberen Augartenstraße, wo sich heute die bekannte Porzellanmanufaktur »Augarten« befindet, stand vor 200 Jahren ein Restaurant. Für die damalige Vielfalt im Konzertleben bezeichnend, kam der Traiteur Ignaz Jahn auf die Idee, die Attraktivität seines Lokals durch Konzerte zu steigern. Er tat sich mit dem schon erwähnten Philipp Jakob Martin zusammen, der 1782 hier die »Morgenkonzerte« begründete. Wie Mozart berichtete, wurde für die Sommersaison 1782 ein Abonnement für 12 Konzerte für zwei Dukaten angeboten. Das erste fand am 26. Mai statt, aufgeführt wurden eine Sinfonie des Hofbibliothekars van Swieten sowie Mozarts Konzert für zwei Klaviere in Es-Dur KV 365, das er zusammen mit seiner Schülerin Barbara Josepha Auernhammer spielte.

Das zweite Theater von Rang neben dem Burgtheater war das Kärntnerthortheater. Zu Beginn des 18. Jahrhunderts von der Stadt Wien errichtet, war es eine beliebte Aufführungsstätte Altwiener Komödien. Nach einem Brand 1761 übernahm der Hof den Wiederaufbau. Als Mozart nach Wien kam, stand das Kärntnerthortheater wenig in Gebrauch. Das änderte sich ab der Mitte der 1780er Jahre, als hier wieder mehr Opern aufgeführt wurden. Die »Entführung aus dem Serail« und auch der »Schauspieldirektor« sind damals im Kärnterthortheater wiederaufgeführt worden. Mozart konzertierte aber auch als Pianist in diesem Haus. Später wurde es die offizielle Hofoper und erst 1870 durch den Neubau der heutigen Staatsoper ersetzt.

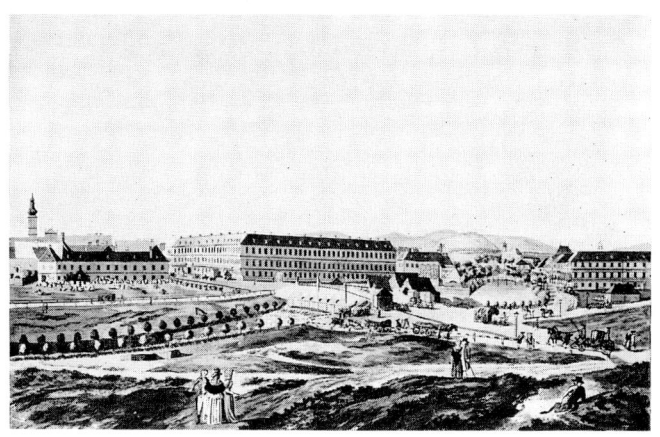

Das Starhembergische Freihaus auf der Wieden war das größte Zinshaus Wiens. 1787 wurde hier ein Theater errichtet. 1788/89 wurde es von der Exgattin Schikaneders zusammen mit einem ehemaligen Mitglied von dessen Theatertruppe geführt. Mitte 1789 übernahm es Emanuel Schikaneder. Als Geldgeber fand er den Offizier Joseph von Bauernfeld, ein Logenbruder Mozarts. Für dieses Theater komponierte Mozart die »Zauberflöte«. Sicherlich war ein Vorstadttheater in Rang und künstlerischen Möglichkeiten nicht mit einem Hoftheater zu vergleichen. Eine Bretterbühne, auf der nur Schmierenschauspieler agierten, war das Freihaustheater aber auch nicht. Schikaneder hielt eine Truppe von vielseitigen Schauspieler-Sängern und verfügte über ein Orchester von immerhin 35 Mann. Auf Qualität und gekonntes Spektakel achtete er gemäß seiner Maxime »Ich schreibe fürs Vergnügen des Publikums – und arbeite für meine Kasse«.

In Mozarts Briefen findet man nur eine einzige Naturschil-
derung: »Das häuschen ist nichts, aber die Gegend, der
Wald, worinn er [Graf Cobenzl] eine Grotte gebauet, als
wenn sie so von Natur wäre. das ist Prächtig und sehr angenehm . . .« (13. 7. 1781). Während seines ersten Wiener
Sommers war Mozart mehrmals auf den Landsitz des Grafen Cobenzl am Reisenberg (heute »Cobenzl« genannt)
eingeladen. Der Graf hatte ihn zu einem »Naturgarten«
umgestaltet. Nicht nur die in der dortigen Meierei erzeug-
ten Produkte wurden hoch geschätzt, auch der moderne
englische Park wurde viel bewundert.

Im Sommer 1790 hatte der Lehrer und Chorleiter Anton
Stoll in der Badener Stadtpfarrkirche die C-Dur-Messe KV
317 aufgeführt. Von da an kam er in engeren Kontakt zu
Mozart. Im Frühsommer des folgenden Jahres mietete
Stoll auf dessen Bitte hin eine kleine Wohnung (im heutigen »Mozarthof«). Sie lag unmittelbar neben dem Antons-
bad, in dem Constanze Mozart kuren wollte. Sie verbrachte
mit ihrem kleinen Sohn Karl einige Wochen hier. Mozart,
der sie öfter besuchte, konnte Stoll gut leiden und machte
auch in Briefen seine Späße mit dem »liebsten Stoll . . .
bist Sternvoll! – gelt, das Moll thut dir Wohl? –«. Er
komponierte für ihn aber auch das »Ave verum«, sein wohl
beliebtestes unter den kleinen kirchenmusikalischen
Werken.

Mozarts Zeit in Wien deckt sich weitgehend mit dem Jahrzehnt der Alleinregierung Kaiser Josephs II., der Hochphase des aufgeklärten Absolutismus. Das Prinzip »Alles für das Volk, nichts durch das Volk« forderte die Zeitgenossen ebenso wie die Nachwelt in ihrer Einschätzung der Persönlichkeit und der Leistungen des Kaisers heraus: War er ein Wohltäter und Bannerträger des Fortschritts, oder war er ein Despot und primär am Ausbau der Staatsmacht interessiert, oder war er vor allem ein österreichischer Patriot? Die josephinischen Reformen, ihre Erfolge und Mißerfolge, die Misere in den letzten Regierungsjahren, all das gab für Mozarts Wiener Künstlerleben den bestimmenden

Rahmen ab. Selbstverständlich waren aber auch seine persönliche Beziehung zum Kaiser und die Wertschätzung, die er bei ihm genoß, von entscheidender Bedeutung. Es überrascht, daß Mozart mit dem Salzburger Erzbischof Colloredo, einem Anhänger Josephs, überhaupt nicht zurechtkam, in den Kaiser aber von vornherein große Hoffnungen setzte und sich ihm wohl auch weltanschaulich verbunden fühlte. Der Kaiser hatte ja Mozart bereits als Wunderkind kennengelernt und in der Affligio-Affäre um die »Finta semplice« unterstützt. Auch in den 1780er Jahren förderte er ihn, gab ihm im Rahmen des neugeschaffenen deutschen Nationalsingspiels in Wien die Möglichkeit, mit der »Entführung« einen wichtigen Einstandserfolg zu landen, und blieb ihm auch später wohlgesonnen. Freilich hatte der Kaiser andere und immer drängendere Sorgen als das Musik- und Theaterleben bei Hofe. Außerdem war er mit seinem Hofkapellmeister Antonio Salieri sehr zufrieden; es gab also für Mozart lange keinen achtbaren Posten bei Hofe. Als Gluck 1787 starb, wählte Kaiser Joseph Mozart als Nachfolger im Amt des Hofkomponisten.

Die habsburgischen Vorfahren Josephs II., die Kaiser des
Barockzeitalters, waren durchweg sehr musikalisch, teilweise sogar kompositorisch tätig. Auch seine Mutter Maria
Theresia ist in jungen Jahren als Sängerin aufgetreten. Joseph II. war kein komponierender, aber ein musizierender
und musikliebender Kaiser. Er ist durchaus als ein Kenner
mit eigenem Geschmack anzusehen, der sich ohne Einflü-
sterungen von Höflingen sein eigenes musikalisches Urteil
bilden konnte.

Joseph II. schränkte den Hofstaat insgesamt ein, vor allem, um die Barriere zwischen Kaiser und Volk abzubauen und ein intrigantes Hofschranzentum auszuschalten. Auch war ihm ein barocker Triumphalismus in der höfischen Repräsentation zuwider. Außerdem wollte er durch eigene Sparsamkeit bei Hofe ein Beispiel geben. Gefördert hat er jedoch die Annäherung der Stände. Bei den allgemein zugänglichen Redoutensaalbällen gestattete er sogar Maskenfreiheit. Um selbst Kontakt zu Untertanen zu finden, besuchte er nicht nur derartige Veranstaltungen, sondern reiste gerne inkognito als Graf von Falkenstein (ein Titel, den er tatsächlich besaß) durch seine Lande.

Eine der wichtigsten Reformen setzte Joseph mit dem am
13. Oktober 1781 erlassenen Toleranzpatent. Mit ihm gestattete der Kaiser allen nichtkatholischen christlichen Ge-
meinschaften die freie Religionsausübung. Zugleich wurden ihren Angehörigen alle bürgerlichen Rechte gewährt.
Damit diente das Patent auch dem josephinischen Nütz-
lichkeitsstandpunkt für Staat und Wirtschaft. Aus ähnlichen Überlegungen gewährte er 1782 auch den Juden gewisse Rechte, wie die freie wirtschaftliche Betätigung und
den Zugang zum Hochschulstudium.

Viel emotionalen Widerstand beim breiten Volk erregte Joseph durch seine Kirchenpolitik. Doch der Aufklärer auf dem Kaiserthron war kein Atheist. Er wandte sich nur vehement gegen gewisse Formen und Institutionen, die ihm überlebt erschienen. Auch hier war er von Vernunft- und Nützlichkeitserwägungen in seinem Handeln bestimmt. Prozessionen, Kirtage, Wallfahrten und barocke Andachtsformen hielt er für unsinnig. Kontemplative Orden sah er als unnütz an, löste sie mit hartem Druck auf und leitete deren Vermögen einem Religionsfonds zu, mit dem er gemeinnützige religiöse Zwecke verfolgte. Dadurch und durch die staatliche Bezahlung der Weltpriester verstärkte der Kaiser seinen Machtzugriff auf die Kirche. Um Schlimmstes zu verhindern, reiste Papst Pius VI. zu Ostern 1782 nach Wien. Nach damaligen Begriffen war dies ein unerhörtes Ereignis. Schon Anfang Januar kündigte Mo-

zart seinem Vater an, »daß der Papst hieher kommen soll;
davon ist die ganze Stadt voll«. Da Mozart durch Hofge-
rüchte die Vergeblichkeit der Reise voraussah, nannte er
das Eintreffen des Papstes in Wien »eine lustige Nachricht« (22. 3.). Der Kaiser empfing den Papst überaus
höflich. Der Besuch war nicht nur ein Spektakel für die
Wiener, sondern hinterließ auch beim Volk einen tiefen religiösen Eindruck; beim Kaiser erreichte Pius VI. aber
nichts. Von den Auswirkungen der Kirchenpolitik waren
auch die Musiker betroffen, da Festlichkeit und Aufwand
kirchlicher Zeremonien wesentlich eingeschränkt wurden.
Daß Mozart in den 1780er Jahren außer dem c-Moll-Meß-
fragment kaum Kirchenmusik komponierte, hat hierin seinen Grund und ist nicht als antiklerikales Bekenntnis zu
verstehen.

In Schwierigkeiten kam der Kaiser nicht nur durch den Widerstand gegen seine Reformen, sondern auch durch Unruhen in den österreichischen Niederlanden und durch den sog. Kleinen Türkenkrieg (1788-91). Das Volk verübelte ihm, sich nach einem Treffen mit Zarin Katharina II. über den Bündnisfall hinaus am Krieg zwischen Türken und Russen beteiligt zu haben. Wohl erreichte Feldmarschall Ernst Gideon von Laudon im Oktober 1789 die Befreiung Belgrads von den Türken. Dieser Sieg löste – in Erinnerung an die Taten des Prinzen Eugen – patriotische Emotionen aus. Sogar Mozart hatte Kriegslieder komponiert. Der weitere Krieg brachte Österreich aber keine Vorteile; der Kaiser erkrankte im Feld schwer. Nicht zuletzt kostete der Krieg viel Geld. Die Lage war also für die Kunst und für einen Musiker wie Mozart sehr ungünstig.

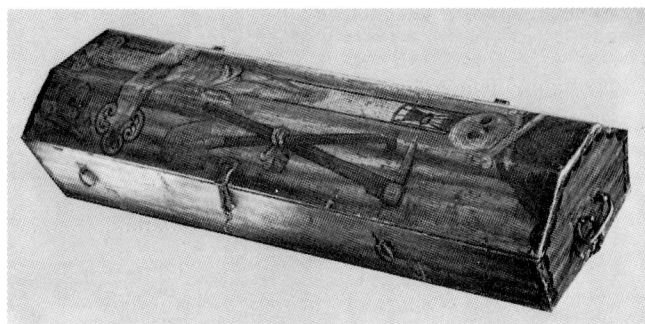

Die Radikalität, mit der Joseph das Nützlichkeitsprinzip selbst gegen die Pietät durchzusetzen versuchte, zeigt sich besonders deutlich in seinen Begräbnisvorschriften. Sicher war es unter hygienischen Gesichtspunkten vernünftig, die Friedhöfe im Stadtinneren aufzulösen und neue außerhalb des Linienwalls zu errichten. Der barocke Wiener Begräbniskult wurde extrem vereinfacht. Nach der Aufbahrung zu Hause wurde der Leichnam in einem Kondukt der Angehörigen zur Kirche gebracht. Eine Einsegnung innerhalb der Kirche war nicht gestattet. Nach der Verabschiedung wurde der Tote am Abend ohne Begleitung zu einem Friedhof außerhalb der Stadt gefahren und dort in einem Schachtgrab beigesetzt. Der sog. josephinische Sarg, der nach unten hin aufklappbar und damit wiederverwendbar war, symbolisiert den Sieg der Vernunft über die Pietät. Nicht nur heutzutage, sondern bald nach Ende der josephinischen Ära wurde dieser nüchterne Umgang mit dem Tod als befremdlich empfunden. Aus historischem Unverständnis sind dann all die Legenden um Mozarts angebliches Armenbegräbnis entstanden.

Der aufgeklärte Absolutismus josephinischer Prägung wurde naheliegenderweise weniger von Hochadel und Klerus als von der Beamtenschaft, den Gelehrten und Künstlern unterstützt. Auch kannte der Josephinismus keine einheitliche Staatsphilosophie, war aber bestimmt von Ideen Leibniz' und Wolffs, vom Rousseauschen Konzept des Gesellschaftsvertrags, vom Ziel, alles mit Vernunft zu durchleuchten. Der Staat sowie die Entfaltung des einzelnen sollten dem Gemeinwohl dienen. Auf hervorragende Persönlichkeiten in der Politik und in den praxisbezogenen Wissenschaften kam es in hohem Maße an. Deren Vereinigungen in Bünden der Freimaurer, Illuminaten

usw. standen in einem ungewöhnlichen Verhältnis zum
Kaiser. Einerseits waren sie Vorreiter seiner Reformen, andererseits suchte der Kaiser sie fest an sich zu binden und
zu überwachen. Ein enger Vertrauter des Kaisers war der
Professor für politische Wisenschaften an der Wiener Universität, Joseph Edler von Sonnenfels (Abb. S. 174). Der
Jurist hatte sich für so unterschiedliche Dinge wie die Auf-
hebung der Tortur, Verbesserung der Straßenbeleuchtung
oder Verhinderung des Raubdruckunwesens eingesetzt. Er
engagierte sich für die Volksbildung und lehnte entsprechend scharf die auf Wiener Bühnen beliebten Hanswur-
stiaden ab. Wenn Mozart in einem Brief an seinen Vater
klagt, »ich finde halt daß in der Musick der hanswurst noch
nicht ausgerottet ist« (16. 6. 1781), redet er Sonnenfels,
ohne ihn zu nennen, nach dem Mund. Von ähnlicher Be-

deutung war der große Naturforscher Ignaz von Born
(Abb. S. 175). Er war Initiator und geistiges Zentrum der
Eliteloge »Zur wahren Eintracht«, die er zu einer Art
Akademie der Wissenschaften ausbauen wollte. Mozart
gehörte ihr an. 1785 wurde diese Loge aber aufgelöst.
Daraufhin trat Mozart der neuen Loge »Zur neugekrönten
Hoffnung« bei. Born faszinierte seine Umgebung. Er war
aber in seinen geistigen Ansprüchen kompromißlos und
zog sich 1786 von der Freimaurerei zurück. Daß er das Vorbild für den Sarastro in der »Zauberflöte« abgegeben habe,
ist Spekulation. Eine Stammbucheintragung dokumen-
tiert seine Beziehung zu Mozart. Einen engeren Kontakt

hatte Mozart zu dem Diplomaten und späteren Hof-
bibliothekar Gottfried van Swieten (Abb. S. 173), einem
Sohn des Leibarztes Maria Theresias. Sein Einfluß bei
Hofe und seine musikalischen Ambitionen (auch als Komponist) machten ihn für Mozart schon zu Beginn von dessen Wiener Zeit interessant. Van Swieten kultivierte seine
Neugierde für neue und alte Musik im Kreise befreundeter
Musiker und gründete 1786 eine »Gesellschaft der asso-
ciirten Cavaliers«, für die Mozart als Dirigent und Bearbei-
ter von Händel-Oratorien tätig war. Van Swieten, der unter
Kaiser Leopold II. seinen Einfluß verlor, nahm sich bei
und nach Mozarts Tod wie kein anderer dessen Familie
an.

Auf dem 1782/83 entstandenen Lange-Porträt erscheint
Mozart im Vergleich zu dem nur wenig davor entstandenen
Familienporträt verändert. Er wirkt nun etwas dicklich,
seine Augen treten leicht hervor. Vielleicht macht dieser
Mozart am Spinett deswegen auf uns einen recht realisti-
schen Eindruck, weil das Bild Fragment geblieben ist und
weil es von Mozarts Schwager, einem Schauspieler, und
keinem professionellen Maler stammt. Es ist sicher unge-

schönter als andere Porträts. Nichts an Pose, Stolz oder
Verschmitztheit, sondern nur Konzentration zeigt dieser
musizierende Mozart. Vielleicht bestätigt dieses Porträt jenes unterschiedliche Verhalten Mozarts, von dem vor allem
Frauen aus seiner Umgebung berichteten. Mozart sei in
seiner Kunst stets ein Mann gewesen, aber, wie seine
Schwester schreibt, »ausser der musick war und blieb er
fast immer ein Kind«. Seine Schwägerin Sophie Haibl und
die Literatin Caroline Pichler erzählten Jahrzehnte nach
seinem Tod von einer überdrehten Lebhaftigkeit Mozarts
mit kuriosen Zügen. Ob Mozart tatsächlich in Gesellschaft
anderer über Sofas zu springen pflegte oder ob sich die
Chronistinnen durch eine überzeichnete Schilderung
selbst interessant machen wollten, können wir nicht mehr
entscheiden. Vielleicht war Mozart weniger ein »Amadeus« als ein oft von Arbeitsdrang Getriebener, einer, den
– zumindest in den Hochzeiten pianistischer und kompositorischer Erfolge – ständig Lärm und Unordnung umga-
ben, wie Vater Leopold 1785 bei seinem Besuch in Wien
klagte.

Hieronymus Löschenkohl war ein bekannter und vielbe-
schäftigter Kupferstecher in Wien, der auch ein Journal
herausgab und Noten druckte. Mozart hatte ihn vermutlich
1782, als er im selben Haus am Kohlmarkt wie Löschenkohl wohnte, kennengelernt. Der Schattenriß Mozarts erschien 1786 im »Österreichischen National-Kalender« neben denen Glucks, Haydns und Salieris. Anders als im
Lange-Porträt ist Mozart hier mit Zopf und Schleife abge-
bildet.

Dem Bildhauer und Kleinplastiker Leonhard Posch war
Mozart schon in Salzburg bei der Familie Hagenauer begegnet. 1788 fertigte Posch das Gipsrelief Mozarts (mit
modischer Frisur »Carré de Grecque«) an. Auch auf diesem Porträt wirkt Mozart dicklich. Poschs Arbeit wurde bis
weit ins 19. Jahrhundert hinein von vielen Malern und
Kupferstechern zum Modell für eigene Mozart-Porträts
genommen.

Während seines kurzen Aufenthaltes in Dresden Mitte April 1789 war Mozart viel im Hause des hohen Beamten Christian Gottfried Körner (eines engen Freundes von Schiller und Verfassers einer Schrift »Über Charakterdarstellung in der Musik«, die 1795 am Beginn einer klassischen Musikästhetik stand). Körners Schwägerin Doris Stock hat bei dieser Gelegenheit die Silberstiftzeichnung und damit das letzte authentische Porträt Mozarts angefertigt.

Die Urteile über Mozarts Frau Constanze (1762-1842)
sind und waren immer schon geteilt. Leopold Mozart hat
sich in den Briefen an seinen Sohn nie speziell gegen Constanze, aber allgemein gegen die Familie Weber ausgesprochen. Seine Tochter Nannerl wurde 1792 schon deutlicher, als sie über ihren Bruder schrieb: Er »heyrathete ein
für ihn gar nicht passendes Mädchen gegen den Willen seines Vatters, und daher die grosse häusliche Unordnung bey
und nach seinem Tod«. Mozart selbst war anderer Meinung und offensichtlich in seiner zehnjährigen Ehe glücklich. In den Briefen an seine Frau ist Mozart stets ein lie-

bender und sich sorgender Gatte: Teils voll sprühender Munterkeit, teils voll Sehnsucht, oder er zeigt sich als ernster Mahner, so als ob er das Verhalten seines Vaters ihm gegenüber nachahmen wollte. Die »Unordnung« entsprach wohl ihrer beider Lebensstil und hatte auch mit der Ungewißheit eines freien Künstlertums zu tun. Freilich, die Erwartung der Nachwelt, an der Seite Mozarts eine große Frauenpersönlichkeit zu sehen, erfüllt Constanze nicht. Vielleicht hätte Mozart eine solche Gattin gar nicht ertragen. Außerdem war sie erst 29 Jahre alt, als sie Witwe wurde. Mit zwei unversorgten Kindern hat sie in einer schwierigen Lage dann doch Zielstrebigkeit entwickelt; aber auch das wurde ihr von vielen verübelt. Selbstverständlich suchte sie mit dem posthumen Ruhm Mozarts Geschäfte zu machen. Sicher war sie, nach heutigen Ansprüchen, keine redliche Nachlaßverwalterin. Aber ihr ganzes weiteres Leben und auch das ihres zweiten Mannes Nikolaus Nissen war geprägt vom Angedenken an Mozart und von Sorge um ihre Söhne.

Nach der Uraufführung des »Idomeneo« und einer mit
Vater und Schwester verbrachten schönen Zeit in München und Augsburg reiste Mozart auf Verlangen des Erzbischofs Colloredo nach Wien, wo er am 19. März 1781
eintraf. Als Salzburger Hofmusiker erhielt er im Hause
des Deutschritterordens, in dem auch der Erzbischof abge-
stiegen war, sein Quartier. Die ersten Wochen brachten
Mozart in einen wahren Rausch der Begeisterung. Er
schwärmte von Wien als »für mein Metier der beste Ort von
der Welt«. Tatsächlich wurde Mozart als Pianist und Komponist von der adeligen Gesellschaft bestens aufgenommen. Die Absicht des Erzbischofs, selbst glanzvoll mit
seinem Hofstaat aufzutreten, war Mozart durchaus von
Nutzen. Schon am Tage der Ankunft Mozarts präsentierte
Colloredo seine Musiker »20 Personen von der größten
Noblesse«. Mozart wurde zur Sensation und erhielt auch
unabhängig vom Erzbischof viele Einladungen und in der
Gräfin Marie Karoline Thiennes de Rumbeke seine erste

Klavierschülerin. Bereits nach wenigen Wochen bot ihm der Theaterdichter Gottlieb Stephanie d. J. an, für ihn ein Opernlibretto zu schreiben. Der unverhohlene Drang zur selbständigen Karriere machte den Erzbischof bedenklich, er begann Mozart zu behindern und ordnete die Abreise der Musiker nach Salzburg für Ende April an. Nun war der Konflikt unvermeidbar. Er verschlimmerte sich für Mozart noch dadurch, daß sein Vater zum Verbleib in Salzburger Diensten drängte. Anfang Mai mußte Mozart sein Quartier verlassen und wurde von der Witwe Fridolin Webers und ihren Töchtern im Hause »Zum Auge Gottes« im 2. Stock aufgenommen. Die einmal mehr in Mozarts Leben auftauchenden »Weberischen« machten Vater Mozart nur um so skeptischer. Entsprechend drastisch schilderte Mozart ihm alle Vorfälle in dieser angespannten Situation. Von Übelkeiten nach Kränkungen, von Wutausbrüchen und vom berühmten Fußtritt des Grafen Arco, mit dem dieser Mozarts Entlassungsgesuch quittierte, ist da zu lesen. Ob die Schilderungen, mit denen Mozart seinen Vater von der Unabänderlichkeit des Bruches überzeugen wollte, alle der Wahrheit entsprechen, ist zweifelhaft. Sein Beteuern, weniger als je zuvor ans Heiraten zu denken, erwies sich ja auch nicht als glaubhaft. Mitten in allem Wirbel erhielt Mozart Stephanies Libretto zur »Entführung aus dem Serail« und komponierte im August den ersten Akt dieser Oper.

Ende August 1781 zog Mozart aus der »weberischen«
Wohnung aus, um den Vater zu beruhigen und dem Ge-
rede der Leute entgegenzutreten. Er mietete ein Zimmer
im Trattnerhof am Graben und blieb dort bis Ende Juli
1782, kurz vor seiner Hochzeit mit Constanze. Es war
ein aufregendes Jahr mit vielen künstlerischen Aktivitäten,
Erfolgen als freier Künstler, Hoffnungen auf eine feste
Stellung und mit fortwährenden Spannungen im Verhältnis zum Vater. Gunsterweisungen des Kaisers hoben
Mozarts Erwartungen. Aber auch beim jungen Fürsten
Liechtenstein, der eine kleine Kapelle errichten wollte, bei
seinem Gönner Erzherzog Maximilian Franz, der Kurfürst
von Köln werden sollte, und als Musiklehrer der württem-
bergischen Prinzessin Elisabeth (und Braut des späteren
Kaisers Franz II.) sah Mozart Chancen – die sich allerdings
nicht verwirklichen ließen.

Beziehungen zu Aristokraten, die über eine flüchtige Bekanntschaft oder die üblichen freundlichen Worte nach einem Konzert hinausreichten, waren für Mozart überaus
wichtig. Sie gaben die Basis für eine Existenz als freier
Künstler. So war es nötig, Gönner zu finden, die bereit waren, in ihren Kreisen etwa für Subskriptionen zu werben,
damit Konzerte oder Notendrucke für Mozart auch zu einem finanziellen Erfolg führen konnten. Schließlich war
es durch Empfehlung hochgestellter Personen möglich,
zahlungskräftige Schüler zu finden.

Eine besonders aktive Gönnerin, gerade in der schwierigen ersten Zeit in Wien, war Gräfin Wilhelmine Thun. Sie
blieb Mozart stets gewogen und soll auch 1787 die Ernennung Mozarts zum Hofkomponisten beim Kaiser betrieben

haben. Mozart schwärmte von ihr: »Das ist die charmante-
ste, liebste Dame, die ich in meinem Leben gesehen und
ich gelte auch sehr viel bei ihr.« Als ein Zeichen der Dank-
barkeit ist auch zu verstehen, daß Mozart ihr alle drei Akte
der »Entführung« jeweils vorspielte und ihr so einen Einblick in seine Komponistenwerkstatt gewährte. Mozart war
offensichtlich von der großzügigen Art der Gräfin sehr
angetan, wie er überhaupt Aristokraten schätzte, die ihn
aufgrund seiner Kunst ebenbürtig behandelten. Noch persönlicher war Mozarts Beziehung zu einer recht ungewöhnlichen Aristokratin, der Baronin Martha Elisabeth
von Waldstätten. Selbstbewußt nutzte sie ihre privilegierte
Position und erlaubte sich, als geschiedene Frau mit libe-
raler Gesinnung in der guten Gesellschaft zu leben. Mozart
hat ihr Briefe geschrieben, die an Verwirrspiel nichts und
an Pikanterie nur weniges denen an das Bäsle nachstehen.
Seinen ersten Namenstag in Wien feierte er bei ihr. Eine

große Hilfe war sie ihm bei seinen Nöten rund um die Verehelichung mit Constanze. Auch Leopold Mozart wandte sich vertrauensvoll an die Baronin, um über sie einen mäßigenden Einfluß auf seinen Sohn zu gewinnen. So war es nicht überraschend, daß die Hochzeitsfeier nach der Trauung im Stephansdom am 4. August 1782 für das Ehepaar Mozart bei der Baronin Waldstätten stattfand. Leopold Mozart war ja nicht anwesend; er lernte die Baronin bei seinem Wienbesuch 1785 persönlich kennen. Anfang 1783 half sie Mozart auch aus einer ersten Wiener Finanzmisere.

SIX SONATES
Pour le Clavecin, ou Pianoforte avec
l'accompagnement d'un Violon
Dediés
A Mademoiselle
IOSEPHE D' AURNHAMER
par
WOLFG: AMADEE MOZART
Oeuvre II.

Publiez et se vendent chez Artaria Compl.
a Vienne.

Der Druck der Violinsonaten KV 269 und 376-380 war
Mozarts erster in Wien und zudem ein frühes Verlagswerk
der Firma Artaria. Gewidmet ist er Fräulein Josepha Auernhammer. Deren Vater, der Wirtschaftsrat Johann Michael
Auernhammer, war ein Förderer, den Mozart schon im
März 1781 kennengelernt hatte. Bei einer Akademie in
dessen Haus am 23. November 1781 spielte Mozart mit Josepha das Konzert KV 365 und die Sonate KV 448 für zwei
Klaviere. Josepha war Mozarts begabteste Klavierschülerin. So sehr er sie als Musikerin schätzte und mehrmals mit
ihr in Konzerten auftrat, so abweisend war er gegenüber
ihren weiblichen Annäherungsversuchen.

Die Reihe der Salzburger Serenadenkompositionen fand in Wien eine Fortsetzung. Gerade in den ersten Wiener Jahren hat Mozart auch einige Serenaden für »Harmoniemusik« (für Bläser) geschrieben, so die Serenade KV 375 für den Theresientag 1781 (15. 10.). Sie war für die Schwägerin des Malers Joseph Hickl gedacht, wurde am selben Abend aber noch für zwei weitere Theresias als Ständchen gespielt. Unbekannt ist der Kompositionsanlaß für die grandiose »Gran Partita« KV 361. Vermutlich für den Fürsten Alois Joseph von Liechtenstein, der eine Harmoniemusik einzurichten plante, komponierte Mozart die Serenade KV 388: ein aufwühlendes, merkwürdiges Stück. Was sich Mozart bei dieser düsteren »Nacht-Musique« für den jungen Fürsten dachte, bleibt ein Rätsel.

Den Grafen Orsini-Rosenberg hat Mozart bereits im Frühjahr 1770 in Florenz kennengelernt. Jener war damals
Obersthofmeister des Großherzogs Leopold. Inzwischen
war der Graf »General-Spektakel-Direktor« am Wiener
Hof geworden und als solcher für Mozarts Opernpläne von
großer Wichtigkeit. Wie der Titel sagt, war er vom Kaiser
zur Leitung der Hoftheater beauftragt. Als besonderer
Gönner Mozarts erwies er sich dabei allerdings nicht. Aus
den wenigen Briefäußerungen Mozarts über ihn ist ein
eher distanziertes Verhältnis zu vermuten. Gewissen Anteil
daran dürfte des Grafen Adlatus Johann Thorwart gehabt
haben, der vom Logenmeister zu einer Art Stellvertreter
des Theaterdirektors avancierte. Mit ihm hatte Mozart sehr
unangenehme Erfahrungen gemacht. Thorwart war Vor-
mund der Töchter der Witwe Weber. Er nötigte Mozart,
nicht zuletzt aufgrund seiner Machtposition beim Theater,
zur Unterzeichnung eines Heiratskontraktes. Hätte Mo-

zart Constanze nicht geheiratet, wäre er gezwungen gewesen, eine erhebliche Jahresrente zu zahlen. Graf Orsini-
Rosenberg war in Sachen Mozart eher ein ausführendes
Organ ausdrücklicher Wünsche des Kaisers. Im einen Fall
erschien es zumindest Mozart so, als ob der Graf ihm eine
Chance zugedacht habe. Nachdem die »Entführung« ein
großer und auch finanzieller Erfolg geworden war, stieg
Mozarts Ansehen als Opernkomponist sehr. Andererseits
zeichnete sich im Herbst 1782 ab, daß das vom Kaiser mit
großen Hoffnungen eingeführte deutsche Nationalsing-
spiel im Burgtheater doch nicht zu halten und eine Rückkehr der italienischen Oper zu erwarten war. In dieser Situation und bei Gelegenheit einer Akademie beim Fürsten
Galitsin gab Graf Orsini-Rosenberg Mozart die Anregung,
doch »eine welsche opera« zu schreiben. Mozart hat sich
sofort auf die Suche nach einem geeigneten »Büchl« bege-
ben, aber ohne befriedigendes Ergebnis. In der Folge
wandte er sich an seinen »Idomeneo«-Librettisten Gianbattista Varesco in Salzburg, doch die von diesem gelieferte
»L'oca di Cairo« hatte dramaturgische Schwächen, die
Mozart immer mehr bewußt wurden, und so blieb diese
Opera buffa Fragment. Bald danach entstanden jene Intrigen zwischen Italienern und Deutschen an den Hofthea-
tern, die auch Mozart zu spüren bekommen sollte.

Der Tenor Adamberger (1743-1804) war ein treuer Freund
Mozarts in Wien, und vor allem war er der erste Belmonte
in der »Entführung« und auch der erste Herr Vogelsang im
»Schauspieldirektor«. Die Persönlichkeiten von Sängern
sind deshalb von besonderer Wichtigkeit, weil Mozart,
dem Usus seiner Zeit entsprechend, die Gesangspartien
auf deren Vorzüge und Eigenheiten hin komponiert hatte.
Die auf diese Weise angestrebte Einheit von individueller
Bühnenpräsenz und Rolle vermögen wir nicht mehr nach-
zuvollziehen. Adamberger soll eine nicht sehr umfangrei-
che, aber ausdrucksstarke und »sympathische« Stimme
gehabt haben. Bevor er 1780 nach Wien kam und hier von
Kaiser Joseph II. sehr geschätzt wurde, hatte er bereits in
Italien, London und München Karriere gemacht.

».. . die aria von der konstanze habe ich ein wenig der geläufigen Gurgel der Mad.^{selle} Cavallieri aufgeopfert.« (26. 9. 1781) Dieser Kommentar Mozarts verdeutlicht die andere Seite des Eingehens des Komponisten auf seine Sänger: nämlich die Gefahr, die Rolle der stimmtechnischen Bravour des Sängers unterordnen zu müssen. Doch Mozart verstand es, auch die Koloraturkünste der Cavalieri als Ausdruckselement zu funktionalisieren (Konstanze in der »Entführung«, Madame Silberklang im »Schauspieldirektor« und Donna Elvira im »Don Giovanni«). Die Cavalieri (1760-1801) war Schülerin und Geliebte des Hofkapellmeisters Salieri. Trotz der Rivalität zu Salieri hat Mozart für sie besonders viel komponiert.

Welch ein Phänomen der Bassist Fischer (1745-1825) gewesen sein muß, erahnt man bei den heutigen Schwierigkeiten, die Partie des Osmin in der »Entführung« adäquat
zu besetzen. Nicht nur seine »tiefen Töne«, überhaupt sein
Stimmumfang war erstaunlich; dazu kamen das große Vo-
lumen seiner Stimme und seine hervorragenden darstelle-
rischen Fähigkeiten. Fischer war zu Beginn der 1780er
Jahre in Wien tätig und erreichte dann nach Tourneen in
Frankreich und Italien in Berlin den Höhepunkt seiner
Laufbahn.

Den väterlichen Vorwurf, sich durch Großsprecherei und Kritisieren »die Profeßori von der Musick« zu Feinden zu machen (31. 7. 1782), schob Mozart als ein böses Gerücht beiseite – doch die über Kollegen gefällten Urteile in seinen eigenen Briefen sagen anderes. Joseph Haydn etwa war da viel vorsichtiger. Auch er konnte schonungslos hart über Sänger, Instrumentalisten und Komponisten urteilen, aber er tat es nur vertraulich; in der Öffentlichkeit jedoch spendete er Schützlingen wie Rivalen meist freundliche Anerkennung. Mozart scheint hier ehrlicher, aber auch unhöflicher gewesen zu sein. Komponisten kamen bei ihm noch besser davon als Instrumentalisten. Gegenüber jenen irritiert uns eher seine Wortkargheit gerade auch bei berühmten Namen. Das größte Kompliment war wohl, daß er

aus Respekt schwieg. Sein Verhältnis zu Gluck war zwie-
spältig. Einerseits übernahm er von seinem Vater das Miß-
trauen gegenüber diesem hochgeachteten Mann, der ihm,
zumindest nach außen hin, wohlgesonnen war. Andererseits freute er sich doch über Lob und persönliche Einladungen von Gluck. Immerhin empfahl er seinem Vater
Glucks »Pilgrime von Mekka« zusammen mit Ignaz Um-
laufs »Schöner Schusterin« als leicht aufführbare Sing-
spiele für Salzburg. Ein Werturteil ist es, wenn Mozart
Gluck einen »grossen Mann« nennt, wenngleich in einem
Brief voll von gekränktem Stolz, in dem er klagt, daß selbst
ein Gluck nur im Ausland sich berühmt machen konnte.
Eine Reverenz vor Gluck enthält ein Tadel an Nicola Piccinni, dessen Chöre Mozart »für nackend und schwach«
und für »zu einförmig« hält und meint, das Publikum sei
eben »die Chöre von gluck gewohnt« (28. 2. 1778). Für
Aufführungen von Gluck-Opern in Wien hat sich Mozart
sehr interessiert und auch die Proben zur deutschen Fassung der »Iphigenie auf Tauris« besucht. Sicher war ihm
das Vorbild Glucks auch von Wert für seine eigene Opernkomposition, am wichtigsten war es ihm vermutlich für
den »Idomeneo«. Die Wirkung von Chorsätzen, die dramatische Anlage großer Szenen konnte er in Werken
Glucks studieren; imitiert hat er sie aber nie.

Den bekannten Opernkomponisten (1740-1816) hatte
Mozart im Frühjahr 1770 in Neapel kennengelernt. Im
Sommer 1784 machte Paisiello auf der Durchreise – von
Rußland kommend – in Wien Station. Bei dieser Gelegen-
heit hatte er eine Privatakademie bei einem Verwandten
von Mozarts Schülerin Barbara von Ployer besucht, an der
auch Mozart mitwirkte. Umgekehrt besuchte Mozart die
Wiener Erstaufführung der Oper »Il Rè Teodoro«, die Pai-
siello zusammen mit Da Pontes Rivalen Giovanni Battista
Casti geschrieben hatte.

Bei einem der damals beliebten Wettspiele traten Clementi (1752-1832) und Mozart zu Weihnachten 1781 vor dem Kaiser gegeneinander an. Obwohl Mozart erfolgreich blieb, machte er den Gegner als »Ciarlattano wie alle Wälschen« herunter und warnte die Schwester vor dem »entsezlichen Hackwerk« der Clementischen Sonaten. Dies verwundert um so mehr, als Clementi im frühen 19. Jahrhundert nicht ganz zu Unrecht neben Haydn, Mozart und Beethoven für einen »Klassiker« der Klaviermusik gehalten wurde.

Salieri (1750-1825) als anerkannter Hofkapellmeister war
Mozart im Wege, aber Mozart Salieri nicht. Dennoch bezeichnete Mozart ihn in seinen Briefen gut ein dutzendmal
als Intriganten und Verhinderer. Aber über dessen Musik
spricht Mozart nie. Das Urteil »elendes Originalstück«
über Salieris »Rauchfangkehrer« bezieht sich auf das Libretto. Über sein höchst schmeichelhaftes Urteil über die
»Zauberflöte« freute sich Mozart sehr. Salieri hat später
Mozarts jüngeren Sohn Wolfgang unterrichtet und gefördert. Die Legende von der Vergiftung Mozarts durch Salieri ist unsinnig.

Mit Joseph Haydn, dem bedeutendsten Musikerzeitgenossen in Wien, verband Mozart eine Freundschaft. Die Beziehung war enger als zu irgendeinem anderen Komponisten von Rang. Ob freilich die nachträgliche Verklärung ihrer Freundschaft den Tatsachen entspricht, können wir nicht mehr entscheiden. Leopold Mozart, gerührt von den schönen Worten Haydns, schrieb 1785 von Wolfgangs »liebem Freund Haydn«. Aber in des Sohnes Briefen ist Joseph Haydn selten erwähnt. Mozart schweigt auch hier aus Respekt. Anders Haydn. 1787 äußerte er sich gegenüber dem Ober-Pflegeverwalter Franz Rott in Prag, der ihn zur Kom-

position einer Opera buffa aufgefordert hatte, enthusia-
stisch über Mozart. Und in einem Brief an seine Freundin
Marianne von Genzinger (9. 2. 1790) erzählte er belustigt
davon, daß ihn die Musik zu »Le Nozze di Figaro« bis in
die Träume hinein verfolge. Ähnliches vice versa gesagt ist
bei Mozart kaum vorstellbar. Es ist schon eine Auszeichnung, wenn Mozart etwa im Nachsatz zur Einladung an
seinen Freund Michael Puchberg zu »Così fan tutte«-Pro-
ben im Dezember 1789 bemerkt: »nur Sie und Hayd lade
ich dazu.« Als Mozart zwei Jahre später starb, war Haydn
in London. Dessen Reaktion darauf ist bezeichnend für die
Freundschaft und Höflichkeit Haydns. In seinem Tagebuch notierte er das Geschehene nur kurz. Gegenüber
Genzinger und Puchberg, die beide Mozart sehr verehrten,
drückte er seine Erschütterung wortreich aus, bedauerte,
daß Mozart nicht mit nach England gegangen sei, und
meinte: »die nachweld beckomt nicht in 100 Jahren wider
ein solch Talent« (20. 12. 1791). Doch noch am 13. Oktober 1791 vertraute er Frau von Genzinger ganz anderes an:
»die meinige schrieb mir, allein i kan es nicht glauben,
daß Mozart mich sehr herab setzen solte. ich verzeihe es
Ihm; daß ich auch in London eine menge Neyder hab, ist
ganz gewiß.« Haydn hält sich an seine gute Meinung, miß-
traut aber doch sowohl seiner Frau als auch Mozart. Viel
mehr als Mozart wahrte Haydn Distanz und blieb Rea-
list.

Mozarts literarischer Geschmack ist kaum näher zu be-
stimmen. Als Liedkomponist scheint er Wünschen und
Ratschlägen aus seiner Umgebung nachgekommen zu sein
und auch Gedichte von Dilettanten vertont zu haben. Viel
Anakreontisches, aber auch Moralisierendes von Dichtern
mittlerer Güte wie Jacobi, Uz, Weiße, Hölty, Sturm usw.
nahm er an; Goethes »Veilchen« (KV 476) blieb ein Einzel-
fall (Mozart wußte vermutlich gar nicht, von wem das Gedicht stammt). Mozarts Gedichtauswahl gibt den literarischen Zustand in der Wiener Gesellschaft wieder. In seiner
Bibliothek besaß er Lyrik von Christian Felix Weise und
Gottfried von Leon, eine Epigrammsammlung von Georg
Schatz oder sämtliche Werke des Ewald Christian von
Kleist. Gezielter ausgewählt hat Mozart dramatische Dichtung, die seinem Opernmetier nahestand. Mit Molière,
Metastasio, Goldoni und Beaumarchais sind auch nach
heutigen Begriffen große Dichter vertreten. Aus Brief-

äußerungen wissen wir außerdem, daß Mozart sehr viele Libretti und Dramen gelesen hat, sicherlich viel mehr, als er selbst in seiner Bibliothek stehen hatte; sogar jene Lyrik, die er zu Liedern vertonte, besaß er selbst nur teilweise. Von aktueller Literatur wird er demnach viel in den Freimaurerlogen zur Hand gehabt haben. Aus Briefen an die Baronin Waldstätten und an seinen Logenbruder Johann Michael Puchberg ist zu entnehmen, daß er zudem mit Freunden Bücher austauschte. Mozart war also kein einseitiger Nurmusiker und hatte Interesse an Literarischem, freilich besonders im Hinblick auf seine Opernkomposition.

Die Lyrik eines bedeutenden Vertreters des literarischen Wiens, Aloys Blumauers, besaß Mozart in seiner Bibliothek. Mozart wird ihm als Freimaurer begegnet sein, er vertonte auch 1785 dessen »Lied der Freiheit« (KV 506). Darin heißt es: »Wer sich um Fürstengunst und Rang / Mit saurem Schweiß bemüht, / Und, eingespannt sein Lebelang, / Am Pflug des Staates zieht, / Weh dem! der ist ein armer Wicht.« Der Exjesuit Blumauer war ein radikaler Aufklärer, der in Dichtungen und programmatischen Schriften die Sache der Vernunft vertrat, gegen jeglichen Dünkel auftrat und auch demokratische Pamphlete verfaßte. Zur Zeit Kaiser Josephs II. war dies einem bekannten Schriftsteller erlaubt.

Einen weiteren bekannten Dichter, Johann Baptist von Alxinger, hatte Mozart ebenfalls als Freimaurer näher kennengelernt. Schon zu Beginn seiner Wiener Zeit hatte er Alxinger als Übersetzer der Gluckschen »Iphigenie auf Tauris« ins Deutsche geschätzt. Zu einer an sich naheliegenden Zusammenarbeit kam es lange nicht; erst 1788 hat Alxinger Händels Pastorale »Acis und Galathea« für Mozarts Bearbeitung übersetzt. Alxingers Schriften ist eine musikalische Vorliebe für Gluck und Haydn zu entnehmen.

Der Dichter und Erforscher der Wiener Schmetterlings-
fauna, Denis (1729-1800), war einer der einflußreichen
Vertreter der Aufklärung in Wien, die ehemals dem Jesui-
tenorden angehörten. Literarisch hat Denis den erhabe-
nen, pathetischen Stil nach dem Vorbild Klopstocks vertreten und damit eine besondere Position eingenommen.
Vater und Sohn Mozart waren, anders als Gluck, keine Ver-
ehrer Klopstocks. In grundsätzlichen ästhetischen Erörte-
rungen (Brief vom 28. 12. 1782) kritisierte Mozart die
»übertrieben schwülstige« Odendichtung Denis' und bekannte seinen Widerstand, derartiges zu vertonen. Eine
von einer ungarischen Dame bestellte Komposition eines
Bardengesangs von Denis blieb unausgeführt.

In den ersten eineinhalb Ehejahren haben die Mozarts
viermal die Wohnung gewechselt. Sie waren alle in der
Innenstadt gelegen (Wiplingerstraße 19 und 14, Kohlmarkt 7, Judenplatz 3, Trattnerhof 1). Entsprechend hoch
waren die Mieten. Die Gründe für die raschen Wechsel
sind im einzelnen nicht ersichtlich, ein allgemeiner Grund
mag in dem intensiven und äußerlich hektischen Leben
Mozarts liegen. Relativ lang, von September 1784 bis April
1787, blieb die Familie im Hause Schulerstraße 8/Dom-
gasse 5. Das hinter dem Stephansdom gelegene fünfge-
schossige Haus trug damals den Namen »Camesinahaus«.

Diese Bezeichnung verweist auf einen der vormaligen Besitzer, den Stukkateur Albert Camesina. Er hat die prächtigen Stuckdecken im Haus angelegt. Insgesamt sind ja nur wenige der ehemaligen Mozart-Wohnungen erhalten geblieben; in Wien ist die im Camesinahaus überhaupt die einzige. Sie war wohl auch die schönste, die Mozart je besaß. Mozart befand sich auf dem Höhepunkt seiner Beliebtheit in Wien aufgrund seiner vielen Aktivitäten im Musikleben. Zwölf Klavierkonzerte, viel Kammermusik und vor allem »Le Nozze di Figaro« wurden in diesem Haus komponiert. Hier hat er berühmte Musiker, unter ihnen wohl auch den jungen Ludwig van Beethoven, empfangen. Im Spätwinter und Frühjahr 1785 kam Leopold Mozart zu Besuch; Vater und Sohn sahen sich zum letzten Mal. In Briefen an seine Tochter hat Leopold Mozart über die ständige Unruhe im Hause geklagt, sich aber auch glücklich über die Erfolge und das Können seines Sohnes geäußert. Bei einem Streichquartettabend durfte der alte Mann aus dem Mund Joseph Haydns hören: ». . . ihr Sohn ist der größte Componist, den ich von Person und dem Nahmen nach kenne« (16. 2. 1785). Heute spricht man vom »Figarohaus«; Mozarts Wohnung ist zum Museum geworden.

Auf diesem Hammerflügel spielte Mozart bei seinen zahlreichen Konzerten. Erbaut hat ihn um 1780 Anton Walter,
der neben Ferdinand Hofmann und Johann Schanz der
führende Wiener Klavierbauer war. Dennoch äußerte sich
Joseph Haydn skeptisch zu seinen Instrumenten: ». . . unter zehen ist bisweilen ein einziges so man mit recht gut
nennen kan, nebst dem ist Er ausserordentlich theuer.«
(4. 7. 1790) Mozarts Flügel steht heute im Salzburger Mozart-Museum.

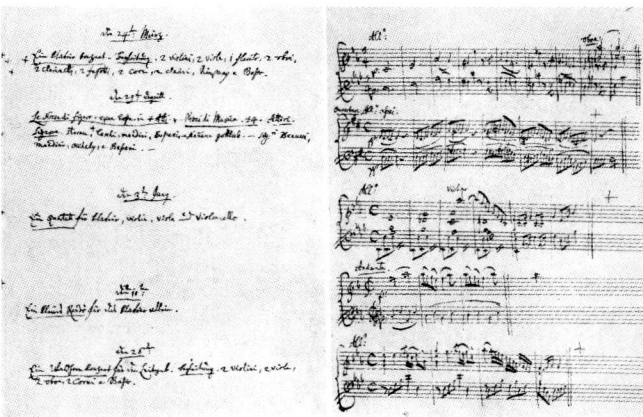

Bereits 1768 hat Leopold Mozart ein Verzeichnis der Werke
seines zwölfjährigen Sohnes angelegt. Den väterlichen
Ordnungssinn aufgreifend, begann Mozart Anfang Februar 1784 mit laufenden Eintragungen in ein »Verzeich-
nüß aller meiner Werke«. Das erste enthaltene Werk ist das
für Barbara von Ployer geschriebene Klavierkonzert in Es-
Dur (KV 449). Mozart hat es bis zu seinem Tod getreulich
geführt. Daher ist das Verzeichnis für uns eine wichtige
Quelle zur Datierung von Werken; auch enthält es manche
musikalischen Hinweise, die sonst nirgends zu finden
sind.

Mozart hat in verschiedener Weise, teils allein, teils zusammen mit anderen, Akademien veranstaltet oder als Künstler bei fremden Veranstaltungen mitgewirkt. Ein besonders respektabler Konzertort war selbstverständlich das Burgtheater (»k.k. National-Hof-Theater«). Zur Fastenzeit gab es etwa im Jahre 1785 fast täglich eine Akademie anstelle der Oper. Die Akademie am 13. März dieses Jahres veranstaltete die Wiener Tonkünstler-Sozietät, die sich um die soziale Absicherung kranker und alter Musiker kümmerte. Um in sie aufgenommen zu werden, hat Mozart die Kantate »Davidde Penitente« mit einem Text von Lorenzo Da Ponte und unter Verwendung der Fragment gebliebenen c-Moll-Messe (KV 427) geschrieben.

Mit derartigen Handzetteln und Plakaten oder Annoncen in Zeitungen wurde Reklame gemacht. In seiner Akademie am 10. März 1785 spielte Mozart sein »neues« C-Dur-Konzert (KV 467). Ein Kuriosum stellt das große »Forte piano Pedal« für das Improvisieren dar. Mozart hat seinen Flügel durch ein Zusatzinstrument, eine Pedalklaviatur, verstärkt (die noch in seinem Nachlaß vorhanden war, dann aber verlorenging). Die Einnahme der Akademie betrug 559 fl. Im Vergleich dazu brachte die viel aufwendigere Kantatenaufführung der Tonkünstler-Sozietät einige Tage später nur wenig mehr (733 fl.) ein.

Die Freimaurerlogen als Sammelpunkte künstlerischer
Eliten übten auf Mozart eine große Anziehungskraft aus.
Hier fand er in einer reformerischen Zeitstimmung gei-
stige Heimat und wichtige gesellschaftliche Kontakte und
Betätigungsmöglichkeiten. Ein Förderer der Familie und
Librettist des von Mozart in Mannheim 1778 geplanten
Melodrams »Semiramis«, der Diplomat und Literat Otto
Freiherr von Gemmingen-Hornberg, dürfte ihm den Lo-
geneintritt nahegelegt haben. Die Freimaurerei gab es in
Wien schon seit den frühen 1740er Jahren, auch war Maria
Theresias Gatte Franz Stephan von Lothringen selbst Frei-
maurer, doch ihre Blütezeit erreichte sie um die Mitte der
1780er Jahre. Mozart wurde am 14. Dezember 1784 in die
Loge »Zur Wohlthätigkeit« als »Lehrling« aufgenommen.
Bald danach frequentierte er die besonders angesehene
Loge »Zur wahren Eintracht« und wurde dort auch zum

»Gesellen« und bald danach zum »Meister« befördert.
Mozart war von der Logenarbeit begeistert, engagierte sich
viel mehr als etwa der Freimaurer Joseph Haydn und ver-
anlaßte auch seinen Vater zum Eintritt in die Loge »Zur
Wohlthätigkeit«. Für die Feier zu dessen Gesellenbeförde-
rung komponierte Mozart sein Lied »Gesellenreise« (KV
468). Die Hochphase der Freimaurerei in Wien fiel aber
mit einer weniger positiven Wende zusammen. Die Hoffnungen, die die Regentschaft Josephs II. besonders bei In-
tellektuellen ausgelöst hatte, übersteigerten sich; zugleich
brachten die Reformen nicht die erwarteten raschen Erfolge; der Optimismus drohte in Enttäuschung umzukip-
pen. In dieser Situation sah sich der Kaiser genötigt, schär-
fer durchzugreifen. 1785 erließ er ein Freimaurerpatent.
Die Logenorganisation wurde vereinfacht und damit leich-
ter kontrollierbar gemacht. Mozart trat Anfang 1786 der
neugegründeten Loge »Zur neugekrönten Hoffnung« bei.
Doch nicht nur der Druck von oben, sondern auch die re-
formerische Ungeduld der Logenbrüder und interne Que-
relen verschlechterten die Position der Freimaurer. Nicht
wenige, selbst so berühmte Mitglieder wie Ignaz von Born,
zogen sich ganz aus den Logen zurück. Wenn auch der
Weg bis zur Selbstauflösung von Mozarts Loge im Jahre
1793 noch lang war, ist doch auffällig, daß Mozart bis zu
seinem Tode unbeirrt ein engagierter Freimaurer blieb.
Bloße Opportunität konnte nicht der Grund dafür gewesen
sein. Auch scheint Mozart Kontakte mit Illuminaten, Ro-
senkreuzern und Hochgradfreimaurern gehabt zu haben
und, nach späteren Angaben seiner Witwe, selbst eine Or-
densgründung geplant zu haben.

Besonders in den Jahren 1785/86, aber auch kurz vor seinem Tod hat Mozart freimaurerische Kompositionen geschrieben. Mozart war der Hauskomponist seiner Loge.
Die Kantate »Die Maurerfreude« für Tenor, Männerchor
und Orchester widmete er Ignaz von Born. Viele wichtige
»Logenarbeiten« wurden durch seine Musik bereichert, so
auch die Gründungsversammlung der Loge »Zur neugekrönten Hoffnung« am 14. Januar 1786 mit den Chören
KV 483 und 484. Die wohl bedeutendste derartige Komposition ist die »Maurerische Trauermusik« (KV 477), die bei
einer Trauerloge für zwei hochadelige Logenbrüder Ende
1785 erstmals aufgeführt wurde.

Mozart beschäftigte sich nicht so intensiv mit Pädagogik wie sein Vater. Dessenungeachtet hat er viel höhere Honorare verlangt und auch erhalten. Für einen freien Künstler wie ihn war das Stundengeben eine relativ verläßliche Einnahmequelle. Bei entsprechender Begabung seiner Schüler konnte er ein engagierter und sicherlich interessanter Lehrer sein. Die Art seines Klavierunterrichts können wir kaum nachvollziehen. Mozart hat aber auch Tonsatz unterrichtet. Und die zum Teil erhalten gebliebenen Aufzeichnungen dieser Schüler geben uns Einblick in Mozarts Auffassung von den Grundlagen der Komposition. In der Regel hat er keine besonders fortgeschrittenen Schüler gehabt. Eine Ausnahme bildet Thomas Attwood (1765-

1838). Neben Joseph von Eybler und Johann Nepomuk
Hummel zählt Attwood zu jenen Schülern Mozarts, die als
Komponisten zu reüssieren vermochten. Attwood kam
schon musikalisch vorgebildet (er hatte zuvor in Neapel
studiert) nach Wien und war dort von Herbst 1785 bis Anfang 1787 Mozarts Kompositionsschüler. Seine Studien-
bücher mit Mozarts Korrekturen blieben erhalten. Aus ihnen geht hervor, wie sehr Mozart dem väterlichen Vorbild
als Lehrer verpflichtet blieb. Ähnlich, wie er selbst einst
unterrichtet worden war, versuchte auch er, mit dem Me-
nuettschreiben seinen Schülern Gewandtheit im Tonsatz
beizubringen. Vom älteren Generalbaßsatz, der damals in
Wien noch vielfach gelehrt wurde, geht Mozart zugunsten
der modernen Fundamentalbaßlehre ab, die sich nach
dem Vorbild Jean Philippe Rameaus in Deutschland mehr
und mehr durchsetzte. Für Attwood, der später ein promi-
nenter Kirchenkomponist in England wurde, war die Ausbildung in kontrapunktischen Formen wichtig. Mozart hat
mit ihm, ausgehend von den Fuxschen »Gradus ad Parnas-
sum«, schwierige Übungen in Kanon und Fuge gemacht.
Danach hatte Attwood kleine Stücke zu schreiben, in denen homophoner und kontrapunktischer Satz nach Art der
klassischen motivisch-thematischen Arbeit zur Einheit zu
bringen waren. Auch der Orchestersatz wurde im Unterricht erprobt. Nach London heimgekehrt, trat Attwood mit
Klaviertrios, die noch unter Aufsicht Mozarts entstanden
waren, an die Öffentlichkeit.

Der aus den Niederlanden stammende Botaniker Nikolaus Joseph von Jaquin zählte zu den großen Gelehrten Wiens. Er war maßgeblich an der ersten österreichischen Übersee-Expedition beteiligt, die zu den Antillen und nach Venezuela führte. In seinem Haus, das große Attraktivität für die Wiener Gesellschaft besaß, war Mozart oft zu Gast. Mozart war mit dessen jüngerem Sohn Gottfried befreundet und nahm sich geradezu väterlich des begeisterungsfähigen und musikalisch begabten Jünglings an. Gottfrieds Schwester Franziska war Mozarts Klavierschülerin.

Im April 1787 war Beethoven zwei Wochen lang in Wien,
bis ihn die Nachricht von einer schweren Erkrankung seiner Mutter nach Bonn zurückrief. Durch den Kurfürsten
von Köln, Erzherzog Maximilian Franz, war er nach Wien
und zu Mozart vermittelt worden. Ob er allerdings einen
geregelten Unterricht bei Mozart aufnehmen konnte, ist
ungewiß. Mozart war damals selbst krank und hatte Sorgen um seinen Vater. Beethoven hat sich noch Jahrzehnte
später intensiv mit dem Werk Mozarts auseinandergesetzt,
wie dies Studienabschriften beweisen.

Zu den ersten Klavierschülerinnen in Wien zählte unter anderen Barbara von Ployer. Sie nahm auch Tonsatzunterricht bei Mozart; ihre Kontrapunktstudien blieben erhalten. In einem kleinen »Marche funèbre« als Stammbucheintragung scheint sich ihr »Signor Maestro Contrapunto« darüber etwas lustig gemacht zu haben (KV 453a). Wohl höher eingeschätzt hat er die Pianistin Ployer, mit der er auch in Konzerten gemeinsam auftrat. Für sich als Pianisten hat Mozart keine Konzertkadenzen komponiert, wohl aber aus didaktischen Gründen für seine Schüler. Aus solchen Beispielen geht hervor, wie Mozart die Kadenzen improvisiert haben mag.

Die zahlreichen Kanons mögen Parerga sein, sie spiegeln dennoch im kleinen Mozarts Universalität wider. Die Kanonkomposition hat eine lange Tradition; in früheren Jahrhunderten galt sie als die höchste Kunstfertigkeit in der Musik überhaupt. Auch Mozart hat eine Reihe seriöser lateinischer Kanons, außerdem einige im italienischen Opernstil und viele Juxkanons in Deutsch und in verballhorntem Latein geschrieben. Zur letzteren Gruppe zählt »O du eselhafter Peierl«. Hier wird deutlich, wie sehr derartige Kanons ein Gesellschaftsspiel mit konkreten Bezügen waren. Mit »Peierl« war der bayerische Sänger Johann Nepomuk Peyerl gemeint, den Mozart vermutlich 1786 in Wien kennengelernt hatte und den er wegen seiner dialektgefärbten Aussprache verulkte. In einer leicht veränderten zweiten Fassung lautet der Kanon: »O du eselhafter Martin«. Da auch die Vornamen »Jakob« und »Liperl« vorkommen, meinte Mozart diesmal wohl jenen Philipp Jacob Martin, bei dessen Mehlgruben- und Augarten-Konzerten er auftrat.

Der alte Da Ponte äußerte sich über die Entstehung dreier berühmter Mozart-Opern, »daß es meine geglückten Dichtungen waren, durch die diese unvergänglichen Schätze zum Leben erweckt worden sind«. Er hatte damit recht. Ohne ihn, ohne sein Geschick und Einfühlungsvermögen wäre die jeweilige Einzigartigkeit von »Le Nozze di Figaro«, »Don Giovanni« und »Così fan tutte« wohl nicht zustande gekommen. War doch Mozart ein Komponist, der sich intensiv mit der Librettogestaltung auseinandersetzte, sich mit eingeschliffenen Positionen nicht zufriedengab und auf der Suche nach individuellen Lösungen einen mit-

gehenden Partner im Textdichter sah. Da Ponte (1749-1838),
sein eigentlicher Name lautete Emmanuele Conegliano,
stammte aus Venedig, war Jude, konvertierte und wurde
katholischer Priester. Aufklärerisch gesinnt und von Rous-
seau begeistert, konnte er sich in Venedig als Geistlicher
nicht halten und ging nach Dresden. In Wien wurde der
große Metastasio auf Dichtungen Da Pontes aufmerksam
und betrieb zusammen mit dem Hofkapellmeister Salieri
dessen Berufung nach Wien, die 1782 erfolgte. Mozart
lernte Da Ponte Anfang 1783 im Hause des erfolgreichen
Geschäftsmannes Karl Abraham Wetzlar von Blanken-
stern kennen. Im Frühjahr desselben Jahres, als Mozart
mit der von seinem Salzburger Librettisten Gianbattista
Varesco gelieferten »L'oca di Cairo« recht unzufrieden
war, versprach Da Ponte ihm ein Libretto. Erst 1785 kam
es dann zur Zusammenarbeit. Da Ponte hat nicht nur für
Mozart, sondern auch für Salieri, Weigl, Martini, Winter
u. a. nach eigenen Angaben insgesamt 36 Libretti verfaßt.
Intrigen gegen ihn führten dazu, daß er 1790 Wien verlassen mußte. Über diverse Stationen, 1792 auch London, kam er 1805 nach New York. Dort lebte er mit wech-
selndem Glück als Buchhändler, Theaterimpresario und
Professor, brachte 1826 den »Don Giovanni« in Amerika
erstmals auf die Bühne und starb schließlich in Armut. In
seinen »Erinnerungen« erleben wir einen geistvollen
Mann mit genialischer Ader und einem sehr bunten Leben.

Nach »Le Barbier de Séville« (1775; 1782 von Paisiello
vertont) hat P. A. Caron de Beaumarchais 1784 mit »La
folle journée ou Le mariage de Figaro« eine der größten
Theatersensationen des 18. Jahrhunderts erreicht. Bereits
im Jahr darauf hat Johann Rautenstrauch eine deutsche
Übersetzung in Wien herausgebracht. Die Truppe Schikaneders wollte das Stück im Kärntnerthortheater aufführen,
doch hat dies Kaiser Joseph untersagt.

Beaumarchais' »Figaro« überstieg jenes Maß an Sozialkritik, das seit Molières Komödien auch vom Hof toleriert worden war. Entsprechend skeptisch verhielt sich überall die Aristokratie gegenüber diesem Erfolgsstück. Während Paisiellos Oper »Barbiere di Siviglia« seit 1783 in Wien gespielt wurde, hatten Da Ponte und Mozart offensichtlich Widerstände zu überwinden, um das neue Figarostück auf die Opernbühne zu bringen. Doch es gelang – nicht zuletzt deshalb, weil Da Ponte durch Streichung etlicher politisch verfänglicher Texte (vor allem der großen Rede Figaros im 5. Akt) das Libretto entschärfte. In seinen Erinnerungen erzählt Da Ponte außerdem von einem Vorspiel etlicher Nummern aus der Oper, das den Kaiser bewogen habe, die Aufführung doch zu gestatten. Komponiert hat Mozart »Le Nozze di Figaro« zwischen Oktober 1785 und April 1786, Da Ponte spricht gar von nur sechs Wochen gemeinsamer

Arbeitszeit. Sowohl Da Ponte in seiner Librettovorrede als auch Leopold Mozart in einem Brief an seine Tochter weisen auf ein schwer zu bearbeitendes, »mühesammes Stück« hin: »Gott gebe, daß es in der action gut ausfallt; an der Musik zweifle ich nicht. das wird ihm eben vieles Lauffen und disputiern kosten, bis er das Buch so eingerichtet bekommt, wie ers zu seiner Absicht zu haben wünschet« (11. 11. 1785). Mozart selbst hat »Le Nozze di Figaro« als »opera buffa« bezeichnet, im Libretto ist von einer »Comedia per musica« zu lesen; sicher sagt Da Ponte nicht zuviel, wenn er eine »fast neue Art des Schauspieles« seinem Publikum anbietet. Die Kunst, Personencharaktere in ihren Wechselbezügen herauszubilden, forderte den Komponisten in besonderem Maße heraus. Die überzeugende Antwort geben Mozarts Ensemblesätze. Schillernde Nuancen und spontan erscheinende Umschwünge enthalten besonders die Finale; wobei es Mozart versteht, die Buntheit der Bilder und Empfindungen in weiträumigen Formen zu fassen. Über die ›eigentliche‹ Aussage des »Figaro« ist schon viel debattiert worden: Liegt sie in einer aktuellen Kritik oder im allgemein Menschlichen? Jedenfalls sind komödiantische Verwirrungen und Sozialkritik vom Thema Liebe umschlossen, das auch zur Lösung der Handlung führt: »solo amor può terminar«. Am 1. Mai 1786 wurde die Oper zum ersten Mal und mit Erfolg im Burgtheater aufgeführt. Die ersten auswärtigen Aufführungen fanden in Prag, Monza und Florenz statt. Bekannt und beliebt aber wurde der »Figaro« nicht als italienische Oper, sondern als Singspiel in deutscher Übersetzung.

Mit Luisa Laschi (Gräfin), Stefano Mancini (Graf), Francesco Benucci (Figaro) und Nancy Storace (Susanna) war die Uraufführung bestens besetzt. Die englische Sängerin Storace (1765-1817) schätzte Mozart besonders. Sie war nach einer Karriere in Italien 1783 als Primadonna nach Wien verpflichtet worden und hatte hier viel Erfolg. Sie und Mozarts Schüler Thomas Attwood versuchten, Mozart den Weg nach London zu ebnen, reisten dann aber doch ohne ihn 1787 in ihre Heimat. Zum Abschied komponierte Mozart für Nancy Storace die herrliche Konzertarie »Non temer amato bene« (KV 505).

»— ich selbst halte es für das Beste was ich noch in meinem
leben geschrieben habe«, meinte Mozart 1784 gegenüber
seinem Vater. Kaum ein Musikfreund würde erraten, daß
er mit dieser Auszeichnung sein Klavierquartett KV 452
bedachte. Derartige Selbsturteile machte Mozart selten,
und wenn, dann meist aus einem Hochgefühl über ein ge-
lungenes Werk heraus. KV 452 ist jedenfalls eine ungewöhnliche Komposition: Klavierquartette waren in dieser
Zeit noch etwas Neues, und schon gar in der von Mozart
gewählten Bläser- anstatt der gebräuchlicheren Streicher-
besetzung. Insgesamt sind Mozarts Klavierquartette sehr
anspruchsvolle Werke, die sich auch schlecht verkaufen
ließen. Das ungewöhnlich gravitätisch beginnende Werk
ist gekennzeichnet durch eine große Ausdrucksvielfalt,
ähnlich den Streichquintetten aus dieser Zeit.

»Dein Bruder wohnt itzt auf der Landstrasse No. 224. Er schreibt mir aber keine Ursache dazu. gar nichts! das mag ich leider errathen.« Damit schließt Leopold Mozart den letzten Brief an seine Tochter (11. 5. 1787). Die Ursache, daß sein Sohn zum ersten Mal eine Wohnung in der Vorstadt nahm, lag ohne Zweifel in finanziellen Schwierigkeiten. Die Gründe dafür mochten in verringerten Einnahmen aufgrund der sich insgesamt verschlechternden Lage in Wien und in einer Erkrankung Mozarts gelegen haben. Obwohl er nur etwas mehr als ein halbes Jahr in der Landstraße wohnte, entstanden doch so berühmte Werke wie der »Don Giovanni« und die »Kleine Nachtmusik«.

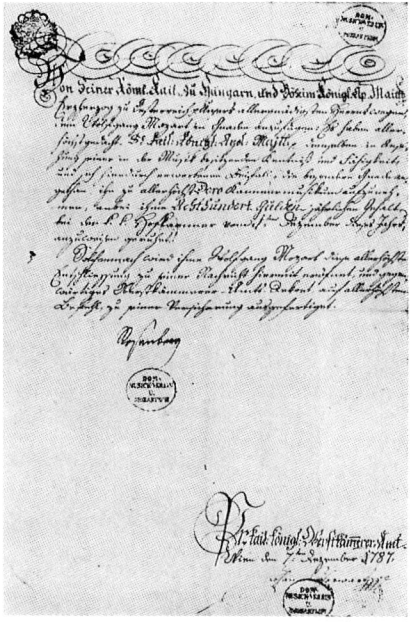

So sehr Mozart von Anbeginn in Wien bemüht war, bei
Hofe zu reüssieren, war er doch nicht unbedingt auf eine
entsprechende Stelle angewiesen. Der Protektion des Kaisers konnte er sicher sein, und die Einnahmen als freier
Künstler waren reichlich. Als um die Mitte der 1780er
Jahre Joseph II. zunehmend in Bedrängnis geriet, mußte
sich diese Entwicklung auf Mozarts Karriere ungünstig
auswirken. Als Mozart von der erfolgreichen Prager Uraufführung des »Don Giovanni« Mitte November 1787 nach
Wien zurückkehrte, hatte sich erstmals eine konkrete
Chance für ein Hofamt ergeben. Eben war Gluck verstor-
ben und damit die Stelle des Hofkomponisten vakant ge-

worden. Schon wenig später ernannte Joseph II. Mozart
mit Dekret zum »königlichen Kammermusicus«. Umge-
hend übersiedelte die Familie aus der Vorstadt Landstraße
wieder in die teurere Innenstadt zurück (»Unter den Tuch-
lauben«). Diese Berufung beweist, wie angesehen Mozart
war. Davon, daß Mozart bei Hofe wegen des »Figaro« in
Ungnade gefallen sei, kann zumindest zu diesem Zeitpunkt nicht die Rede sein. Wohl hatte Gluck im selben Amt
2000 fl. Gehalt im Jahr bekommen, und Mozart erhielt nur
800 fl.; doch ist daraus auf kein Wertgefälle zwischen
Gluck und Mozart zu schließen. Sicher war der alte Gluck
eine europäische Berühmtheit und der 31jährige Mozart
noch nicht gleich saturiert. Doch des Kaisers Sparwille und
die schlechten Zeiten führten überall zu Einschränkungen. Wie andernorts wurden auch am Wiener Hof berühmte italienische Sängerinnen und Sänger am höchsten
bezahlt. Selbst hier hatte der Kaiser eine Obergrenze von
4500 fl. festgesetzt. Aber Da Ponte als Hofdichter erhielt
nur 600 fl., und selbst der hochangesehene und dem Kaiser eng vertraute Hofkapellmeister Salieri erhielt nur
850 fl., also wenig mehr als Mozart. Die Hauptaufgabe
Mozarts in den folgenden Jahren bestand darin, Tanzmusik zu komponieren, die vor allem für die Bälle in den
Redoutensälen der Burg benötigt wurde.

Mozart blieb als Kammerkomponist genügend Freiraum, um sich weiterhin als Pianist, Komponist und Lehrer frei unternehmerisch zu betätigen. Wer den Auftrag zur Oper »Così fan tutte« gab, ist unklar. Uraufgeführt wurde sie Ende Januar 1790 im Burgtheater. Nur wenige Wochen später starb Kaiser Joseph II. Die allgemeine Stimmung war trist und verunsichert. Der Kaiser war Ende 1788 schwer krank aus dem Feld im Türkenkrieg heimgekehrt und mußte viele seiner Reformen bedroht sehen. Innere Unruhen im Reich und die revolutionären Geschehnisse in Frankreich – zu denen Mozart sich brieflich nie geäußert hatte – taten ein übriges. In dieser Umgebung wirkte die Opera buffa »Così fan tutte« sehr deplaziert. Dessenunge-achtet war eine niveauvolle Aufführung mit hervorragen-den Sängern (den Schwestern Adriana Gabrieli und Luisa Villeneuve als Fiordiligi und Dorabella, Benucci als Giu-

glielmo) zustande gekommen; dennoch verschwand diese
Oper bald für mehrere Jahre von den Wiener Bühnen. Von
allen Opern Mozarts aus diesen Jahren hat sie wohl die
wechselvollste Wirkungsgeschichte: Bekanntheit erreichte
»Così« in deutschen Singspielfassungen, doch das ganze
19. Jahrhundert lang galt sie als eine »tändelnde« Belang-
losigkeit und auch als musikalisch uninspiriert. Das änderte sich schlagartig mit der Münchner Mozart-Renaissance der 1890er Jahre: »Così fan tutte« wurde zu einem
Paradigma für den Wandel in der Mozart-Rezeption. Hinter der Oberfläche einer Verwechslungskomödie wurde
ganz anderes und tief Verunsicherndes erkannt und her-
vorgehoben. Wie in allen Da Ponte-Mozart-Opern wird
das Verhältnis von Liebe und Treue durcheinandergewir-
belt, bis man, besonders in der »Così«, am Schluß nicht
recht weiß, ob der liebevollen Versöhnung zu trauen ist
oder das Spiel gleich wieder beginnen könnte. Hat das abgründige Changieren der Gefühle doch etwas mit der
Stimmung um 1790 zu tun? Heutzutage wird das Stück
vielfach als scharfe Gesellschaftskritik inszeniert. Doch
vermutlich läuft dieser Gegenpol zur Auffassung als naive
Tändelei in seiner Eindeutigkeit ebenfalls auf eine Ver-
harmlosung hinaus. Läßt sich doch in Mozarts Partitur so
schwer konkret angeben, was an dieser Musik Satire, was
spontanes Gefühl und was Ironie ist.

Die Legende von Mozarts Verarmung ist falsch und richtig zugleich. Falsch deshalb, weil Mozart – allein wenn wir das zusammenrechnen, was er nachweislich einnahm – noch in seinem letzten Lebensjahr besser verdiente als ein Arzt, Universitätsprofessor oder Pfarrer. Richtig ist sie, weil Mozart tatsächlich in große finanzielle Bedrängnis geriet und sich hoch verschuldete. Ein treuer Helfer in diesen Nöten war seit 1787 der Kaufmann und Mozarts Logenbruder Johann Michael Puchberg, dem er immer wieder demütigende Bettelbriefe schreiben mußte. Wo Mozarts Geld geblieben war, wissen wir nicht; diese Ungewißheit reizt, vielleicht doch sensationsträchtige Geheimnisse entschlüsseln zu können. Auf zu großem Fuß haben die Mozarts sicher gelebt, und sich einzuschränken fiel ihnen schwer.

1787, genau zu einem Zeitpunkt, als sich Mozarts Lage in
Wien verschlechterte, ergab sich für ihn die Möglichkeit,
zweimal zu eigenen Opernaufführungen nach Prag zu reisen. Der ungeteilte Jubel und das Gedränge der Prager Gesellschaft um ihn beglückten Mozart. Der zentrale Ort der
Erfolge war das erst einige Jahre zuvor errichtete Nostitzsche Nationaltheater. Nach der »Entführung aus dem Serail« wurde hier im Dezember 1786 mit Begeisterung »Le
Nozze di Figaro« aufgenommen. Von diesem Erfolg ani-
miert, reiste das Ehepaar Mozart mit seinem Diener Joseph und im Gefolge von Freunden Anfang Januar nach
Prag. Vier Wochen lang wurde der Fasching in vollen Zügen genossen. Das Schönste aber war wohl die Sensation,
die hier Mozarts Oper machte. ». . . denn hier wird von
nichts gesprochen als vom – figaro; nichts gespielt, gebla-
sen, gesungen oder gepfiffen als – figaro: keine Opera besucht als – figaro und Ewig figaro; gewis grosse Ehre für
mich.« Huldigungsgedichte auf Mozart wurden verteilt

(aus denen eine stark deutschnationale Ausrichtung des Rummels um Mozart hervorgeht). Die Mozarts wurden von Palais zu Palais und Haus zu Haus gereicht. Überall wurde musiziert, Bälle wurden veranstaltet. Der Aufenthalt hatte positive Folgen. Mozart erhielt den Auftrag, für Prag eine neue Oper zu schreiben. So entstand »Il dissoluto punito, ossia il Don Giovanni«. Wie »Figaro« war auch »Don Giovanni« ein damals aktuelles Sujet; etliche Don-Juan-Opern waren vor der Mozarts entstanden. Ende September reisten Mozart und seine Frau mit der noch unfertigen Partitur nach Prag. Da Ponte als Librettist folgte ihnen wenig später nach. Geplant war eine Aufführung zu Ehren der Erzherzogin Maria Theresia, die auf der Durchreise nach Dresden zu ihrer Hochzeit mit einem sächsischen Prinzen Mitte Oktober in Prag erwartet wurde. Doch »Don Giovanni« wurde nicht rechtzeitig fertig. So gab man für diesen Anlaß den »Figaro«. Nach weiteren Verschiebungen gelangte »Don Giovanni« am 29. Oktober zu seiner ersten Aufführung und wurde »mit dem lautesten beyfall« bedacht. Einmal mehr war der etwa sechswöchige Pragaufenthalt eine glückliche und freilich auch hektische Zeit, stand doch Mozart unter großem Kompositions- und Probendruck. Auch hatte er das Niveau und den Fleiß der in Prag tätigen italienischen Sänger von vornherein überschätzt. Ein Kuriosum ist zweifellos, daß Giacomo Casanova, der als gräflicher Bibliothekar damals in Böhmen lebte, sich den Mozartschen »Don Giovanni« anschaute.

In der Villa Bertramka im Prager Vorort Smichow dürfte
Mozart die Partitur des »Don Giovanni« fertiggestellt haben. Das schöne Anwesen gehörte der Sängerin Josepha
Duschek, einer alten Bekannten Mozarts. Im Sommer
1777 war sie bei einem Privatkonzert im Tanzmeisterhaus
der Familie Mozart in Salzburg aufgetreten. Mozart hatte
ihr eine Konzertarie komponiert (KV 272). Nun bedankte
er sich für die in der Bertramka genossene Gastfreund-
schaft mit der Arie »Bella mia fiamma« (KV 528). Der Kontakt blieb auch weiterhin erhalten. Eineinhalb Jahre später
trat die Duschek gemeinsam mit Mozart in Dresden und
Leipzig auf.

Die ersten Takte der »Don Giovanni«-Ouvertüre gehören
mit zu den berühmtesten Opernanfängen. Die hier vor-
weggenommene Dämonie der Komtur-Szene, aber auch
die Unbedingtheit von Don Giovannis Lebenslust, wie sie
in der sog. Champagner-Arie am schärfsten zum Ausdruck
kommt, haben diese Oper im 19. Jahrhundert zum belieb-
testen Werk Mozarts gemacht. In unserem Jahrhundert
fasziniert mehr die wechselseitige Bespiegelung von buffa-
und seria-Passagen; deshalb wird auch das fröhliche
Schlußsextett nach Don Giovannis Höllenfahrt, das zuvor
meist gestrichen worden war, wieder gespielt. In Wien war
1788 nach dem Jubel in Prag die Aufnahme des »Don Giovanni« erstaunlich reserviert.

1789 unternahm Mozart seine einzige Reise nach Sachsen und Preußen. Ihr Zustandekommen hat einmal mehr mit Kontakten zur Wiener Aristokratie zu tun. Die von Mozart so verehrte Gönnerin Wilhelmine Gräfin Thun hatte drei Töchter. Eine davon heiratete den Fürsten Karl Lichnowsky. Der Fürst wiederum war Logenbruder und Klavierschüler Mozarts. So ergab es sich, daß Lichnowsky Mozart einlud, ihn auf einer Reise nach Berlin zu begleiten. Deren Verlauf mag sich Mozart freilich anders vorgestellt haben: Sein Partner brach die Reise vorzeitig ab, und Mozart mußte ihm noch 100 fl. leihen. Doch zunächst war

Mozart sehr begeistert, weil er sich Hoffnungen auf auswärtige Aufträge und Erfolge machte. Constanze blieb in Wien; sie wohnte inzwischen im Haus des Freundes Puchberg. Nach seinen Briefen zu schließen, vermißte Mozart seine Frau sehr. Auf dem Weg über Znaim und Iglau gelangten Fürst und Musiker zunächst nach Prag. Dort nahm Mozart Kontakt mit dem Theaterdirektor Domenico Guardasoni auf und erhielt einen Opernauftrag in Aussicht gestellt. Vermutlich ist daraus zwei Jahre später »La Clemenza di Tito« hervorgegangen. Nach wenigen Tagen ging es weiter nach Dresden. In knapp einer Woche erlebte Mozart ein dichtes Programm von Einladungen, Musikerbegegnungen und Konzerten, u. a. auch am kurfürstlichen Hof Friedrich Augusts III. von Sachsen. Die Musik des dortigen Kapellmeisters Johann Gottlieb Naumann fand Mozart nur »sehr mittelmäßig«. Noch härter traf es den Organisten und Pianisten Johann Wilhelm Häßler, der schon 1788 nach Wien reisen wollte, um Mozart zu einem Wettspiel zu fordern. Mozart vernichtete ihn musikalisch und in Worten: Häßler habe »nur Harmonie und Modulationen vom alten Sebastian Bach auswendig gelernt, und ist nicht im Stande eine fuge ordentlich auszuführen – und hat kein solides Spiel« (14. 4. 1789).

Vor und nach seinem mißglückten Potsdam-Aufenthalt
war Mozart in Leipzig. Ein großes musikalisches Ereignis
war für ihn sicher sein Improvisieren auf der Orgel der
Thomaskirche und sein Kontakt zum greisen Thomaskan-
tor Johann Friedrich Doles, der ein Schüler J. S. Bachs gewesen war. Mozart soll auch Motetten Bachs hier erstmals
gehört haben. Doles seinerseits hat im Jahr darauf Mozart
eine Kantate gewidmet. Das zweite Erlebnis war ein zusammen mit der Sängerin Josepha Duschek bestrittenes
Konzert im damals schon berühmten Leipziger Gewandhaus, freilich. ». . . dieses war von Seiten des beyfalls und
der Ehre glänzend genug, desto mägerer aber die Einnahmen betreffend.«

Mozarts »Bach-Erlebnis« wird meist überpointiert dargestellt. Sicher hatte er sich, angeregt vom Van-Swieten-
Kreis, mit dem »Wohltemperierten Clavier« auseinandergesetzt. 1789 hatte er in Leipzig auch Bachs Vokalmusik
kennengelernt. Fuge und kontrapunktischer Satz sind bei
Mozart aber keinesfalls bloß auf ein Bach-Erlebnis zu-
rückzuführen. Mozart komponierte seit seiner Kindheit
Fugen und improvisierte sie gerne auf Klavier und Orgel.
Der Stil der Klavierfugen der 1780er Jahre trägt verschiedene Gesichter und hat mit Händel oder Ph. E. Bach mehr
als mit J. S. Bach zu tun. Dies trifft weniger für die c-Moll-
Messe und das »Requiem« zu. Mit Recht ist von einem Mozartschen »Bach-Bild« beim Sonderfall der »Geharnisch-
ten-Szene« in der »Zauberflöte« zu sprechen, die in Art
einer Choralbearbeitung angelegt ist.

Das Hauptziel der Reise war Potsdam bzw. Berlin, jedenfalls der Hof des Königs von Preußen. Völlig unvorbereitet
war sein Erscheinen dort nicht, vielmehr dürfte ein alter
Bekannter, der Oboist Friedrich Ramm, ihn angekündigt
haben. Doch König Friedrich Wilhelm II. empfing Mozart
nicht und verwies ihn an seinen Kammermusik-Direktor
Jean Pierre Duport. Mit diesem verstand sich Mozart
schlecht. Dennoch komponierte er Klaviervariationen (KV
573) über ein Menuett Duports, das ein Lieblingsstück des
Königs war. Doch auch diese musikalische Verbeugung
konnte nichts mehr an der Vergeblichkeit des Potsdam-Be-
suches ändern.

Der Neffe und Nachfolger Friedrichs d. Großen wird von
der Geschichtsschreibung als Lebemann und Frauenheld
mit sonderbaren Neigungen zum Okkultismus beschrie-
ben. Freigebig und musikliebend war er jedenfalls. Viele
Musiker wußten dies zu nutzen, so auch der Mozart gut
bekannte Karl Ditters von Dittersdorf. Als Mozart zum
zweiten Mal sein Glück in Berlin versuchte, durfte er immerhin vor Königin Friederike spielen. Mehr erreichte er
nicht. Es ist nicht einmal gewiß, ob er einen definitiven
Auftrag zur Komposition der »preußischen« Streichquar-
tette erhalten hat. Später erwies sich der König immer
mehr als Mozart-Verehrer und empfing 1796 dessen
Witwe mit allen Ehren.

In einer innen- und außenpolitisch brisanten Situation
starb Kaiser Joseph II. am 20. Februar 1790. Sein Bruder,
bislang Großherzog von Toskana, trat als Leopold II. ein
schweres Erbe an. In einer nur zweijährigen Regierungs-
zeit gelang ihm Unglaubliches. Während in Frankreich die
Revolution einer Schreckensherrschaft zutrieb, ganz Europa von Hoffnungen und Befürchtungen aufgewühlt war,
vermochte Leopold sein Land zu befrieden: die Unruhen
in den Niederlanden und in Ungarn und den Krieg gegen
die Türken zu beenden sowie die Reformen seines Bruders
in einer Weise zu mildern, die den Gefühlen des Volkes
entgegenkam, ohne aufklärerische Ziele aufzugeben. Au-

ßerdem stabilisierte er die Beziehungen zu anderen Groß-
mächten. Sein Arbeitseinsatz als Monarch war enorm.
Entsprechend wenig Zeit fand er für Musik, Theater und
Kunst. Er war aber durchaus kein amusischer Mensch.
Wie alle Kinder Maria Theresias hatte er eine musikalische Ausbildung erhalten und sich auch später als Musiker
betätigt. Auch seinen eigenen Kindern ließ er Musikunterricht geben. Die Persönlichkeit des Kaisers versprach Gutes für Mozart. Leopold kannte Mozart seit dessen Wun-
derkindauftritt am Wiener Hof. Er hatte ihn auch 1770 in
Florenz freundlich empfangen. Nun aber schien der Kaiser
wenig Interesse an Mozart zu haben. Die Ursache dafür
dürfte nicht nur in den großen Sorgen gelegen haben, die
ihn vom Musik- und Theaterleben abhielten. Ungünstig
für Mozart war sicher auch, daß so wichtige Gönner wie
Gottfried van Swieten ihren Einfluß bei Hofe verloren hatten. Nachteilig könnte sich auch Mozarts Freimaurerenga-
gement ausgewirkt haben. Außerdem hatte sich Leopold
in Florenz doch sehr an den italienischen Musikgeschmack
gewöhnt und entsprechende Vorlieben entwickelt, die er in
Wien beibehielt. Es ist daher nicht verwunderlich, daß sich
Mozart umorientierte und, auch aufgrund der geänderten
Kirchenpolitik des Kaisers, neue Chancen in der Kirchenmusik sah. Im Frühjahr 1791 suchte er beim Wiener Magi-
strat um die Stelle eines Adjunkten für den greisen Dom-
kapellmeister von St. Stephan, Leopold Hoffmann, nach.
Mozart erhielt sie mit der Zusicherung der Kapellmeister-
nachfolge.

Schon wenige Wochen nach Erzherzog Leopolds Ankunft in Wien brachten die Stände der österreichischen Erblande ihrem neuen Herrn die feierliche Huldigung dar. Ein halbes Jahr später erfolgte in Frankfurt am Main die Krönung zum römischen Kaiser. Um die zu erwartende Ansammlung von Zelebritäten zu nutzen, reiste Mozart auf eigene Faust, noch dazu recht aufwendig mit Wagen und Diener, dorthin. Er war schon am Ort, bevor Leopold mit seinem Gefolge (in ihm auch der Hofkapellmeister Salieri) in die Krönungsstadt einzog. Trotz vieler Aktivitäten hier und in Mainz und trotz etlicher Konzerte und Opernaufführungen war alles vergeblich. Nach einer großen Akademie in Frankfurt mußte er einmal mehr seiner Frau gestehen: »von Seiten der Ehre herrlich, aber in Betreff des Geldes mager«.

Bei seiner knapp dreiwöchigen Heimreise wählte Mozart in etwa jene Route, auf der die Familie 1763 in Richtung Westen gefahren war. Sicher war das kein bewußtes Abschiednehmen, aber tatsächlich hat Mozart zum letzten Mal Mannheim, Augsburg und München und dortige Freunde gesehen. Er war voller Pläne für Wien, jedoch mit dem Nebengedanken, »ein gutes Engagement irgend an einem Hofe« zu finden. Doch auch bei einer Akademie am Münchner Hof bot sich keinerlei Chance. An Salzburg und St. Gilgen, wo seine Schwester lebte, fuhr er vorbei. Allzusehr wollte er offensichtlich nicht an Vergangenes erinnert werden. Bald nach seiner Rückkehr gab es einen weiteren

Abschied: Joseph Haydn ging für zwei Jahre nach London. Bei einem Abschiedsessen soll der Konzertunternehmer Salomon ähnliches angeboten haben. Warum Mozart darauf und auf andere Möglichkeiten nicht einging, wissen wir nicht. Während seiner Abwesenheit von Wien war seine Frau vom Judenplatz in die Rauhensteingasse nahe dem Stephansdom umgezogen. Hier verbrachte Mozart sein letztes Lebensjahr, abgesehen von einer Reise nach Prag und etlichen Aufenthalten in Baden bei Wien, wo sich Constanze im Frühsommer und Herbst zur Kur aufhielt. Bereits Anfang März trat Mozart ein letztes Mal als Pianist öffentlich auf. Ort war ein Saal im Restaurant Ignaz Jahns in der Himmelpfortgasse, den Mozart von den Augarten-Konzerten her kannte. Mozart spielte sein Klavierkonzert in B-Dur (KV 595). Als Komponist war er 1791 überaus produktiv. Neben zwei Opern entstanden noch andere größere Werke, so das Klarinettenkonzert oder das Streichquartett in Es-Dur und Kleinodien wie das »Ave verum« oder das Orgelwalzenstück in F-Dur (KV 616). Für die Ballsaison hatte Mozart außerdem als Hofkomponist viel Tanzmusik zu schreiben. Nichts deutet darauf hin, daß er besonders deprimiert oder von bösen Ahnungen geplagt gewesen sei, wie später behauptet wurde. Seine Briefe wirken viel fröhlicher als etwa die aus Frankfurt im Jahr zuvor. Sorgen bereitete ihm ein »Geschäft«, von dem er wiederholt seiner Frau klagte, ohne je zu sagen, welches Geschäft es sei; vermutlich hatte es mit seiner Schuldenlast zu tun.

Mit seinem zarten und modulationsfähigen Ton war das
Clavichord ein Modeinstrument des »empfindsamen«
Zeitalters. Im ausgehenden 18. Jahrhundert wurde es immer mehr vom Hammerflügel als Hausinstrument verdrängt. Das abgebildete Clavichord hatte Mozart in seiner
Wohnung in der Rauhensteingasse stehen; auf ihm dürfte
er u. a. »Die Zauberflöte« komponiert haben.

»Herr Schikaneder in der Rolle des Papageno nach wah-
rem Kostum gestochen«. Im Theaterzettel zur Uraufführ-
rung der »Zauberflöte« am 30. September 1791 wurde mit
diesem Hinweis für den Librettodruck geworben. Emanuel Schikaneder (1751-1812), ein alter Bekannter Mozarts, hatte 1789 das Freihaustheater auf der Wieden übernommen. Mozart interessierte sich für die dortigen Aufführungen und war mit dem Tenor Benedikt Schak (dem
ersten Tamino), gut befreundet. Mit der Komposition der
»Zauberflöte« dürfte er erst im Frühjahr 1791 begonnen
haben.

»Die Zauberflöte« ist ein ebenso populäres wie tiefgründiges Werk. Sie war es auch, die den enormen posthumen Erfolg der Musik Mozarts auslöste. 1794 gab es in Deutschland einen veritablen »Zauberflöten«-Rummel, der sich bis zur Damenmode hin auswirkte. Da sich »Die Zauberflöte« gut in die Tradition der Altwiener Volkskomödie einfügte, hatte sie schon bei ihrer Premiere großen Erfolg. Sie zählt zu den meistaufgeführten Stücken des Musiktheaters überhaupt. Keine andere Oper Mozarts ist zugleich so himmlisch gelobt und auch so viel bekrittelt worden. Vor allem die frauenfeindliche Priesterwelt Sarastros kommt heutzutage schlecht weg. Schon immer wurden Ungereimtheiten der Handlung diskutiert: Die Königin der Nacht ist zunächst eine um ihre geraubte Tochter trauernde Mutter, dann eine rachedürstende Despotin, die vor nichts zurückschreckt. Sarastro ist zunächst Machtmensch, dann ein weiser und zuletzt entsagender Oberpriester. Liegt hier ein Bruch der Handlung vor, oder ist all dies als psychologischer Perspektivenwechsel zu verstehen? Die Maurerwerkzeuge und vielfältigen Symbole im zweiten Kupferstich des Textbuches deuten auf die Freimaurerei hin. Das Bild erinnert an die mysteriöse Atmosphäre der Geharnischtenszene im zweiten Finale. Und Taminos Prüfungen insgesamt ähneln den Initiationswegen alter Mysterienkulte, aber auch denen der Freimaurer. Dennoch ist »Die Zauberflöte« keine bloße Freimaureroper (wenngleich im Schlußchor die »drei Säulen« der Freimaurer – Stärke, Schönheit und Weisheit – angesprochen werden). Ihre Lösung findet die Handlung nicht in der sittlichen Vervollkommnung innerhalb eines Männerbundes. Tamino besteht vielmehr die Prüfungen, von Liebe geleitet, zusammen mit Pamina. Darüber hinaus spielt Mozart uns Zuhörern und Zuschauern die Entscheidung zu, welches von zwei aufeinanderfolgenden Happy-Ends das bessere sei: das Taminos und Paminas in einer höheren Welt oder das der Naturmenschen Papageno und Papagena, die mit ihrem sehr irdischen Glück zufrieden sind. Im Lobpreis der Liebe werden diese beiden Sphären miteinander verbunden: »Mann und Weib, und Weib und Mann, reichen an die Gottheit an«, singen Pamina und Papageno in ihrem Duett »Bei Männern, welche Liebe fühlen«.

Napoleon begeisterte sich in seinen imperialen Träumen
für das antike Rom und dessen Macht und Kultur. Schon
zuvor hatte sich in den bildenden Künsten ein Klassizismus
entwickelt, der nun auch die Bühnen eroberte. Opern mit
geeignetem Sujet erhielten ein antik-römisches Aussehen.
Der Rokoko-Geschmack wurde verdrängt. Dem entspra-
chen die Bühnenbilder des Mailänders Giorgio Fuentes für
die Frankfurter Aufführung von Mozarts »La Clemenza di
Tito« 1799. Goethes Mutter war jedenfalls begeistert und
»zu Tränen gerührt«. Ein Jahrzehnt nach Mozarts Tod
paßte die um den römischen Kaiser Titus kreisende Handlung gut zur Zeitstimmung. So wurde diese Oper damals
recht viel aufgeführt und fand die höchste Wertschätzung
in ihrer bisherigen 200jährigen Wirkungsgeschichte.
Schlecht aber paßt die Clemenza, die Milde des Herr-
schers, in die napoleonische Ära, doch an ihr war wiederum dem Dichter Pietro Metastasio (dessen Libretto der
sächsische Hofdichter Caterino Mazzolà für Mozart ein-

richtete) gelegen. All die Konflikte und Intrigen werden nicht durch einen Gewaltakt, sondern durch menschliches Verständnis und Verzeihen des Kaisers gelöst. Als Metastasio 1734, also noch im Zeitalter des barocken Absolutismus, das Libretto schrieb, war dieser Gedanke sehr fortschrittlich. Ein derart milder Herrscher konnte aber auch rund 60 Jahre später schlecht als huldigendes Bild für Kaiser Leopold II. verstanden werden, für dessen Krönung zum König von Böhmen Mozarts »Titus« als Festoper bestellt und erstmals aufgeführt wurde. Etwas Zwiespältiges haftet der »Clemenza di Tito« also von vornherein an. Für Mozart selbst war die Aufführung in seinem geliebten Prag einer der letzten großen Auftritte. Während der Festtage dirigierte er auf Wunsch des Kaisers auch noch einmal seinen »Don Giovanni«. Trotz der glänzenden äußeren Bedingungen interessierte den Musiker Mozart bei der Komposition des »Titus« unüberhörbar nicht so sehr die Monumentalität des alten Rom, noch ging es ihm um besonders zwingende und weiträumige Spannungsbogen wie zehn Jahre zuvor bei seiner Oper »Idomeneo«. Vielmehr spürte er dem Hin- und Herschwanken der Charaktere, dem Ineinandergreifen von Handlungsmotiven und zutiefst persönlicher Hilflosigkeit nach: mit einer klar durchsichtigen Musik, die über alle auftretende Skepsis hinweg liebevoll versöhnt.

Mozart wollte nie Musik schreiben, die »ins Leere falle«. Doch hat er gerade in seinen letzten Lebensjahren dem Zug zum Populären und Erzieherischen in etlichen Werken entsprochen. Dies trifft für seine Klaviersonaten ab der »Sonata facile« zu, mögen sie auch teilweise für den preußischen Hof komponiert worden sein. Auch die von Placitus Partsch herausgegebene und vom Freimaurer Ignaz Alberti 1791 gedruckte »Liedersammlung für Kinder« enthält eine aufklärerische und bürgerliche Pointe und war doch dem Erzherzog und nachmaligen Kaiser Franz und seiner Gemahlin gewidmet. Mozart schrieb dafür drei sehr volkstümliche Frühlingslieder. Aus der starken Rezeption derartiger Werke wird verständlich, daß Mozarts Lieder, seine Klaviermusik und manches andere in der Zeit um 1800 als Musik für Anfänger verstanden wurde.

Diese Notenincipits schrieb Mozart auf die rechte Seite seines Verzeichnisses, auf der linken machte er Angaben zu
Titel, Besetzung etc. Nach der »Zauberflöte« und der »Clemenza di Tito«, dem nachkomponierten Priestermarsch
und der Ouvertüre zur »Zauberflöte« folgen noch das Klarinettenkonzert und als letztes Werk die mit 15. November
datierte »Kleine Freymaurer-Kantate« (KV 623). Sie wurde am 18. November unter Mozarts Leitung bei der Tem-
peleinweihung der Loge »Zur neugekrönten Hoffnung«
aufgeführt.

Wenn ein noch recht junger Komponist über der Komposition eines Requiems stirbt, liegt es nahe, tiefere Zusammenhänge zwischen Leben und Werk herzustellen. Die Lust an Geheimniskrämerei wurde noch dadurch gesteigert, daß Constanze Mozart die Schaffensgeschichte des Werkes schon aus geschäftlichen Gründen im unklaren beließ. Außerdem entstand bereits wenige Jahre nach Mozarts Tod die Legende, im Juli 1791 habe ein sonderbarer »grauer Bote« ihn in seiner Wohnung besucht und unter Auflage der Geheimhaltung eine Requiemkomposition bestellt. Der angeblich von Todesahnungen geplagte Mozart meinte dann, seine eigene Totenmesse zu schreiben. Nur ein kleiner Schritt ist es noch, diese Legende mit der anderen von Mozarts Vergiftung zu verknüpfen. Diese Bilder vom »grauen Boten«, verbunden mit Mozarts Musik, sind stärker als alle historische Aufklärung; wir bekommen sie nicht los, wie auch jüngste Mozart-Erzählungen und

-Filme beweisen. Außerdem wirkt auch die inzwischen klargewordene Angelegenheit für unser Urheberrechtsempfinden sehr befremdlich. Der »graue Bote« hieß Franz Anton Leitgeb und war Gutsverwalter bei Franz Graf Walsegg. Der junge Graf war ein großer Musikfreund, der auf seinem Schloß bei Gloggnitz in Niederösterreich häufig Kammermusikabende veranstaltete. Als im Frühjahr 1791 seine Frau plötzlich starb, bestellte er über Leitgeb bei Mozart ein Requiem, tatsächlich mit der Auflage der Vertraulichkeit, weil der Graf sich selbst als Komponist ausgeben wollte. Da er ja Mozart bezahlte, war der Vorgang nach damaligen Gepflogenheiten in Ordnung. Mozart konnte das »Requiem« jedoch nicht vollenden; um in den Besitz des vollen Honorars zu gelangen, mußte seine Witwe zu Finten greifen. So verschwieg sie den Namen des Mozart-Schülers Franz Xaver Süßmayr, der die Partitur fertigstellte. Etwas Zwiespältiges hat das »Requiem« aber auch als musikalisches Kunstwerk an sich. Auch mit geschickteren Ergänzungen als denen Süßmayrs bleibt es unüberhörbar Fragment, ein großartiges Werk, das unweigerlich in Konvention mündet. Vielleicht ist es das beste, das Fragment auch als solches aufzuführen. Symbolträchtig mußte es erscheinen, daß Mozart im »Lacrymosa« seine Komposition abbrach; aber nach jüngsten Studien an der Originalhandschrift war dieser Text vermutlich doch nicht der letzte, den Mozart komponierte. Danach hat er zuletzt im »Hostias« die Zeile »Fac eas Domine de morte transire ad vitam« vertont. Eine eschatologische Erwartung am Ende des Lebens – wie man sieht, der tiefsinnigen Assoziationen ist kein Ende.

Eybler hatte als erster eine Vollendung des »Requiem«
versucht, sie aber bald aufgegeben. Dies ist deshalb zu be-
dauern, weil Eybler ein hervorragender Musiker war, Mozart nahestand und von diesem hoch geschätzt wurde. Er
hatte bei den Proben zu »Così fan tutte« geholfen; Mozart
seinerseits lobte ihn in einem Zeugnis als »gründlichen«
Komponisten, Organisten und Pianisten. Besonders als
Kirchenmusiker erwarb er sich in Wien hohes Ansehen. Er
war lange kaiserlicher Vizekapellmeister und wurde
schließlich Nachfolger Salieris. Er hat also eine Karriere
gemacht, die um 1790 Mozart für sich selbst anvisiert
hatte.

Ein zu Unrecht vergessener Komponist der Beethoven-Zeit ist der Mozart-Schüler Anton Eberl. Er hat zusammen mit seinem dichtenden Bruder Ferdinand wenige Tage nach Mozarts Tod die erste Gedächtniskantate »An Mozarts Grab« geschrieben. 1795 begleitete er Constanze Mozart auf ihrer Reise nach Berlin, kehrte aber vorzeitig zurück. Eine öffentliche Warnung davor, seine Kompositionen unter dem Namen Mozarts zu veröffentlichen, ist deutlich gegen Constanze gerichtet.

Legenden haben sich nicht nur um die »Requiem«-Komposition, sondern noch mehr um Tod und Begräbnis gebildet. Nichts deutet auf einen gewaltsamen Tod hin, und ob die These von einer chronischen Nierenerkrankung oder die Diagnose der Ärzte Mozarts von einem rheumatischen Fieber die richtige ist, mag von medizinhistorischem Interesse sein; alle darüber hinausgehenden Spekulationen sind Sensationsmache. Über den Verlauf der Krankheit gibt es Jahrzehnte später abgegebene Berichte von Constanzes Schwester Sophie Haibel und ihrem zweiten Mann Nikolaus Nissen. Danach war Mozart etwa zwei Wochen lang bettlägerig, aber bis zu seinem Tod bei vollem Bewußtsein. Die damaligen Behandlungsmethoden mit Brechweinstein und Aderlässen mochten das ihre zum letalen Ausgang beigetragen haben. Auch die rührselige Geschichte vom Armenbegräbnis Mozarts und der Herzlosigkeit seiner Angehörigen, die ihm nicht einmal das

letzte Geleit gegeben hätten, geht an den historischen Um-
ständen vorbei. Das Begräbnis Mozarts entsprach vielmehr
den josephinischen Vorschriften. Mozart bekam kein Armenbegräbnis, aber (aufgrund des Rates Gottfried van
Swietens, der auf die Schuldenlast der Witwe verwies) ein
einfaches der dritten Klasse. Mozart starb in den frühen
Morgenstunden des 5. Dezember und wurde zu Hause
aufgebahrt. Am 6. Dezember wurde sein Leichnam in einem Kondukt von der Rauhensteingasse zum Stephansdom gebracht. Neben den engeren Familienangehörigen
nahmen wahrscheinlich seine Schüler Freystädtler, Hat-
wig und Süßmayr und die beiden Musiker Albrechtsberger
und Salieri daran teil. Vor der Kruzifixus-Kapelle (Bildmitte) wurde Mozarts Leichnam eingesegnet. Damit war
die Zeremonie abgeschlossen. Vermutlich am Abend desselben Tages wurde der Leichnam aus der Totenkammer
unauffällig zum St. Marxer Friedhof hinausgeführt und
beerdigt. Die Situation der jungen Witwe mit zwei unversorgten Kindern war überaus schwierig. Freunde und Bekannte halfen, großzügige ausländische Spenden trafen
ein, und nur wenige Tage nach Mozarts Tod empfing Kaiser Leopold II. Constanze in Audienz. Ihr Pensionsgesuch
wurde daraufhin rasch erledigt. Benefizakademien wurden veranstaltet. Constanze versuchte, durch Autogra-
phen- und Instrumentenverkauf und durch die Aufführung noch kaum bekannter Werke aus dem Nachlaß
zusätzlich zu Geld zu kommen. Wenn man ihr üble Ge-
schäftemacherei vorhält, sollte die Lage, in der sie sich befand, nicht vergessen werden.

Bis kurz vor ihrem Tod, als sie 1841 ihren jüngeren Sohn
als Direktor des neugegründeten Mozarteums in Salzburg
durchzusetzen versuchte, war es ein Lebensziel Constanze
Mozarts, für ihre Kinder zu sorgen. 1791, als Mozart starb,
war der ältere Sohn Carl Thomas sieben Jahre, der jüngere
etwas mehr als vier Monate alt. »Das eine von diesen Kin-
derchen . . . schlägt schon das Clavichord auf eine Art,
dass es alle mit Staunen hören«. So steht in einem Zei-
tungsbericht über Mozarts Tod zu lesen. Constanze versuchte also, mit ihren Kindern an den Wunderkindruhm
des Vaters anzuknüpfen. Bezeichnend dafür ist auch die

Umbenennung des Franz Xaver Wolfgang getauften jüngeren Sohnes in Wolfgang Amadeus. Als Constanze im Frühjahr 1794 in Prag weilte, sollte Carl in Salieris »Axtur« als Opferknabe auftreten; es kam aber nicht dazu. Er blieb dann drei Jahre lang in Prag unter der Obhut des späteren Mozart-Biographen und Universitätsprofessors Franz Xaver Niemetschek. Sein Bruder trat im Alter von sechs Jahren in Prag erstmals mit dem Vogelsängerlied im Rahmen einer Akademie auf, um »zu zeigen, daß er Eifer zu fühlen anfängt, dem großen Beispiele seines Vaters nachzustreben«. Doch der von Constanze gehegte Traum, mit ihren Kindern wie der selige Leopold Mozart umjubelt durch Europa zu reisen, erfüllte sich nicht. Carl schwankte lang zwischen Musiker- und Handelsberuf und wurde schließlich Beamter in Mailand bei der dortigen österreichischen Verwaltung der Lombardei. Er setzte sich sehr für die Pflege der Musik seines Vaters ein und starb 1858. Sein Bruder wurde Pianist und Komponist und führte das Leben eines reisenden Virtuosen, immer im Schatten des großen Vaters. Als er 1844 starb, schrieb Franz Grillparzer in einem Gedicht »Am Grabe Mozarts des Sohnes«: »Des Vaters Name war es eben / Was Deiner Tatkraft Keim zerstört / . . . Der Name, Dir ein Schmerzgenosse, / Er wandelt sich von heut in Glück.«

ANHANG

Vorneweg zwei Zahlen: In einschlägigen Archiven sind nach Abschluß des Mozartjahres 1991 über 3000 Film- und Videotitel und weit über 12 000 Titel an seriöser Literatur über Mozart registriert. In diesen Unmengen sich zu orientieren fällt natürlich schwer; selbst dann, wenn wir Filme über Mozarts Leben, Verfilmungen seiner Opern, jegliche Trivialliteratur und auch anspruchsvolle Dichtungen über Mozart übergehen und dem Geschmacksurteil jedes einzelnen überlassen. Wie schon eingangs zu »Mozarts Wirkung« gesagt, erreichen wir weder mit künstlerischer Einfühlung noch mit wissenschaftlichen Methoden einen ›Mozart an sich‹. Insofern täuschen die Aufklärungsversprechen in Klappentexten vieler jüngst erschienener Bücher. Da nur Annäherungen möglich sind, bleibt auch ein Urteil über Bücher, die andere geschrieben haben, subjektiv. Auf den Wert einiger Standardwerke wird man sich aber einigen können.

Bei der posthum ansteigenden Berühmtheit Mozarts lag es nahe, daß viele Personen, die Mozart persönlich gut oder auch nur flüchtig gekannt hatten, sich lang nach Mozarts Tod mit Erinnerungen zu Wort meldeten. Diesem Genre anekdotenhafter Berichte sind teilweise auch die ersten Biographien verhaftet geblieben. Zahlreich nachgedruckt wurden der Nekrolog von Friedrich Schlichtegroll (Gotha 1793) und das Buch »Leben des k.k. Kapellmeisters Wolfgang Gottlieb Mozart« (Prag 1798) von Franz Xaver Niemetschek. Deren Lektüre ist deshalb von Reiz, weil sie ein Mozartbild in statu nascendi und in der Betrachtungsweise

von Zeitgenossen zeigen. Nur als Materialsammlung von
Interesse, aber kaum lesbar ist die »Biographie W. A. Mo-
zart's« (Leipzig 1828) von Constanze Mozarts zweitem
Mann Georg Nikolaus Nissen.

Zwei Werke aus der Mitte des 19. Jahrhunderts bildeten
eine solide Basis für das Mozartschrifttum, die in Modi-
fikationen bis heute von Bedeutung sind. Das eine ist die
vierteilige Monographie »W. A. Mozart« (Leipzig 1856-59)
von Otto Jahn; in der weitgehenden Überarbeitung durch
Hermann Abert (Leipzig 1919-21, 7. Auflage 1955) stellt
es das auch im 20. Jahrhundert wichtigste deutschspra-
chige Mozartbuch dar. Jahns und Aberts Neigung, Mozart
zu verklären und eine Harmonie von Leben und Werk zu
konstruieren, fand zum Teil herbe Kritik (von Wolfgang
Hildesheimer, aber auch von Fachgelehrten wie Alexander
Hyatt King). Dennoch sind vor allem Aberts Werkbespre-
chungen und seine umfassende Beschreibung und historische Einordnung von Mozarts kompositorischer Entwicklung von unersetzlichem Wert und auch für musikalische
Laien eine bewältigbare Lektüre. Das andere Werk ist je-
dermann vom Namen her bekannt: Ludwig Ritter von
Köchels »Chronologisch-thematisches Verzeichnis sämtlicher Tonwerke Wolfgang Amadé Mozarts« (Leipzig 1862,
6. Auflage Wiesbaden 1964). Gebrauchen aber wird das
Köchel-Verzeichnis nur der Fachmann; der Laie greift besser zu diversen Kurzfassungen oder zu Werkverzeichnissen
in Biographien oder Mozart-Kompendien. Übrigens stellt
sich beim heutigen Stand der Forschung die Frage, ob es
sinnvoller ist, Köchels chronologische Anordnung beizu-
behalten und weiter zu verkomplizieren oder ein neues,
anders angelegtes Werkverzeichnis zu erarbeiten.

Für eine ernsthafte Auseinandersetzung mit dem Werk Mozarts unumgänglich notwendig sind Noteneditionen, die mit den Methoden der Quellenkritik erstellt worden sind und den schriftlich niedergelegten Intentionen Mozarts möglichst nahekommen. Die alte Mozart-Gesamtausgabe aus dem späten 19. Jahrhundert ist heute nur mehr von historischem Interesse, zumal die Neue Mozart-Ausgabe (»Wolfgang Amadeus Mozart. Neue Ausgabe sämtlicher Werke«, Kassel 1955ff.), abgesehen von Nachträgen und Kritischen Berichten, vollständig vorliegt und 1991 auch in einer preisgünstigen 20bändigen Taschenbuchausgabe erschien. Für die musikalische Praxis ebenfalls zu empfehlen sind die sog. Urtext-Ausgaben (besonders von Solo- und Kammermusikwerken) und kommentierte Partitur-Ausgaben, die einige Musikverlage anbieten.

Ebenfalls unverzichtbar für jeden kritischen Leser, der sich über Leben und Werk Mozarts ein eigenes Urteil bilden will, sind Ausgaben von Dokumenten und Briefen. Otto Erich Deutsch brachte 1961 den Band »Mozart. Die Dokumente seines Lebens« heraus (dazu »Addenda und Corrigenda« von Joseph Heinz Eibl, Kassel 1978); 1963 erschien unter gleichem Titel eine Auswahl als Taschenbuch (revidierte Auflagen, Kassel 1981 und 1991). Trotz der 1991 zahlreich erschienenen Bildbände zu Mozarts Leben bietet der Band »Mozart und seine Welt in zeitgenössischen Bildern« von Maximilian Zenger und O. E. Deutsch (im Rahmen der Neuen Mozart-Ausgabe, Kassel 1961) immer noch die umfassendste Sammlung. Ein besonderes Faszinosum bilden schon seit langer Zeit Mozarts Briefe, die in vielen Ausgaben vorgelegt wurden. Von den heute im Handel erhältlichen kommentierten Auswahl-

Sammlungen empfehle ich die beiden unterschiedlich
ausgerichteten und sehr preisgünstigen Bändchen des
Dichters W. Hildesheimer (»Mozart. Briefe«, Frankfurt
1975) und des Gelehrten Stefan Kunze (»Wolfgang Amadeus Mozart, Briefe«, Stuttgart 1987), die sich reizvoll er-
gänzen. Die vollständige und derzeit verbindliche Brief-
ausgabe stammt von Wilhelm A. Bauer, O. E. Deutsch und
J. H. Eibl (»Mozart. Briefe und Aufzeichnungen. Gesamtausgabe«, 4 Textbände, 2 Kommentarbände und ein Re-
gisterband, Kassel 1962-75; Nachträge in den »Mozart-
Jahrbüchern«).

Monographien, die künstlerisches Schaffen und Leben in
gleich umfassender Weise behandeln, werden heutzutage
kaum mehr – und schon gar nicht von einzelnen Autoren –
verfaßt. Insofern hat Hermann Aberts Werk keine Nachfolge gefunden. Ersatz – allerdings nicht als ein Ganzes,
sondern als Summe von Teilen – geben Kompendien: etwa
der von Peter Csobádi herausgegebene Band »Wolfgang
Amadeus. Summa summarum. Das Phänomen Mozart:
Leben, Werk, Wirkung« (Wien 1990; mit einer ausführli-
chen Zeittafel und einem Werkverzeichnis). Anspruchs-
vollere Bedürfnisse befriedigt H. C. Robbins Landons
»Das Mozart-Kompendium. Sein Leben, seine Musik«
(deutsche Übersetzung München 1991). Ein anderer –
vielleicht weniger informativer, aber persönlich anspre-
chenderer – Weg ist es, sich, von einem schriftstellerisch
begabten Gelehrten geleitet, dem Gegenstand Mozart zu
nähern. Das als Einführung für Jugendliche gedachte
Buch »Nichts als Musik im Kopf« (Wien 1990) der Histori-
kerin Brigitte Hamann erfüllt seinen Zweck bestens. Ähnlich angenehm zu lesen, nur auf sozusagen erwachsene

Ansprüche zugeschnitten, ist Erich Valentins »Mozart –
Weg und Welt« (München 1985; ebenfalls mit einem um-
fassenden »zeitgeschichtlichen Überblick« im Anhang).
Kalkulierte Einschränkungen in der Thematik, Zielsetzung oder Darbietungsform der Interpretationen sind demnach kaum vermeidbar. Umfassende Phänomenbeschrei-
bungen sind daher eher in essayistischer als in wissenschaft-
lich ausladender Form verfaßt worden. Zur Pflichtlektüre
gehören die berühmten, völlig unterschiedlichen, doch von
einem gemeinsamen Enthusiasmus für Mozart getragenen
Bücher von Alfred Einstein (»Mozart. Sein Charakter. Sein
Werk«, deutsche Übersetzung Stuttgart 1953 und Nach-
drucke) und W. Hildesheimer (»Mozart«, Frankfurt 1977;
siehe unter »Mozarts Wirkung«). Einblick in die Vielfalt
und in die Fortschritte der Mozartforschung im engeren
Sinne gewährt der von Gerhard Croll herausgegebene
Sammelband »Wolfgang Amadeus Mozart« (Darmstadt
1977). Von den 1991 erschienenen Phänomenbeschreibun-
gen stammen zwei von bekannten Gelehrten. Der Sozio-
loge Norbert Elias erfaßt mit bewundernswertem Weitblick
die soziale Situation des Künstlers Mozart; offensichtlich
wird in seinem Buch (»Mozart. Zur Soziologie eines Genies«, Frankfurt 1991) aber auch die Schwierigkeit, Mozarts Kunst theoretisch zu interpretieren. Es mag mit der
musikalischen Sachkenntnis und wohl ebenso mit der weltanschaulichen Basis zusammenhängen, daß dem Nestor
einer marxistischen Musikforschung, Georg Knepler, viel
ausgewogenere und dabei ebenfalls faszinierende »Annäherungen« zu »Wolfgang Amadé Mozart« (Berlin 1991)
gelungen sind. Unter rezeptionshistorischer Perspektive
habe ich etwas Ähnliches versucht (»Mozart verstehen«,

Salzburg 1990). Eine sehr geistvolle Einführung in die
ganze Problematik des Gegenstandes bieten Ulrich Dibe-
lius' »Mozart-Aspekte« (Erweiterte Ausgabe, Kassel/Mün-
chen 1991). Die Ungreifbarkeit Mozarts im wesentlichen
haben einige, mit der Materie gut vertraute Musiker und
Gelehrte veranlaßt, den Ernst vergeblicher Bemühungen
durch kuriose Fiktionen zu ersetzen. Rudolph Angermüller (Ich, johannes Chrisostumus Amadeus Wolfgangus sigismundus Mozart. Eine Autobiographie«, mit Zeichnun-
gen von Tony Munzlinger, Bad Honnef 1991), Urs Frau-
chinger (»Mit Mozart reden. Szenen«, Zürich 1990) und
Hartmut Gagelmann (»Mozart hat nie gelebt. Eine kriti-
sche Bilanz«, Freiburg i. Br. 1990) schrieben unterhalt-
same Bücher. Nimmt man sie freilich ernst, erscheint nicht
eine tiefere Wahrheit im Zerrspiegel, sondern eine Mi-
schung aus neuer »Amadeus«-Überdrehtheit und alter
Mystifikation.

Franz Grillparzer hat einmal gesagt: »Eine beschriebene
Musik ist wie ein erzähltes Mittagessen.« Bedenkt man des
weiteren den werbeträchtigen Sensationswert diverser Legenden und Rätsel um Mozart, liegt es auf der Hand, daß
viel mehr biographische Bücher als großangelegte Werk-
interpretationen publiziert werden. Verläßlich recherchierte
Daten, die Basis einer Biographie also, liefert J. H. Eibls
Taschenbuch »Wolfgang Amadeus Mozart. Chronik sei-
nes Lebens« (2. Auflage Kassel 1991). Ähnliches, mit zu-
sätzlichen kulturhistorischen Tabellen bietet Hildigund
Kröplins »Wolfgang Amadeus Mozart 1756-1791. Eine
Chronik« (Wiesbaden 1990). Aus dem Riesenangebot an
Biographien sind nur wenige allgemein zu empfehlen.
Erich Schenks »Mozart« (Wien 1975, Taschenbuchaus-

gabe Mainz/München 1989) ist eine kulturhistorisch breit
angelegte und detailfreudige, sehr gut lesbare und eher
dem älteren, harmonisierenden Mozartbild verpflichtete
Beschreibung von Mozarts gesamtem Lebenslauf. Moderner und kritischer, ebenfalls sehr gut geschrieben, ist Volk-
mar Braunbehrens' mit Recht sehr erfolgreicher »Mozart
in Wien« (München 1986). Für Liebhaber angelsächsi-
scher Klarheit in Sprachstil und in der unprätentiösen Auf-
bereitung von Zeitdokumenten ist Howard C. Robbins
Landons »1791. Mozarts letztes Jahr« (deutsche Übersetzung Düsseldorf 1988) ein Glücksfall; nicht so gründlich
gearbeitet ist sein schön ausgestattetes Buch über »Mozart.
Die Wiener Jahre 1781-1791« (deutsche Übersetzung
München 1991). Opulent bebildert und mit niveauvollen
Texten versehen sind die teuren Bildbiographien von Volk-
mar Braunbehrens und Karl-Heinz Jürgens (»Mozart. Le-
bensbilder«, Bergisch-Gladbach 1990) und Max Becker
(»Mozart. Sein Leben und seine Zeit in Texten und Bildern«, Frankfurt 1991). Biographien sind natürlich von den
weltanschaulichen oder geschäftlichen Absichten der Autoren und Verlage abhängig; selten deutlich wird diese Bin-
senweisheit in der Literatur über Personen aus der Umgebung Mozarts: harmonische Persönlichkeitsbilder der
Eltern Mozarts verfaßte Erich Valentin (»Leopold Mozart.
Porträt einer Persönlichkeit«, München 1987; »Madame
Mutter. Anna Maria Walburga Mozart [1720-1778]«, Augsburg 1991); den Konflikt einer künstlerisch begabten Frau
im 18. Jahrhundert akzentuiert Eva Rieger im Falle von
»Nannerl Mozart« (Frankfurt 1991); zu den ärgerlichen
Verzeichnungen von Lebensgeschichten zählt in beispiel-
hafter Weise Francis Carrs »Mozart und Constanze« (deut-

sche Übersetzung Stuttgart 1986), wie überhaupt Mozarts
Frau Constanze eher zum Gegenstand von Sensationsmache als von kritischen Quellenstudien wurde (empfehlens-
wert, wenngleich ebenfalls einseitig, ist die »Ehrenrettung«
in H. C. R. Landons »1791. Mozarts letztes Jahr«).

Unter den Werkinterpretationen sind jene über die Opern
die zahlenmäßig führenden und zugleich auch diejenigen,
deren Lektüre einem musikalischen Laien am leichtesten
fällt. Keine musiktheoretischen Kenntnisse erfordert der
anspruchsvolle Essay »Autonomie und Gnade. Über Mozarts Opern« (München 1985) von Ivan Nagel. Um einiges
schwieriger ist für Nicht-Musiker Stefan Kunzes volu-
minöses Standardwerk »Mozarts-Opern« (Stuttgart 1984)
zu lesen. Ohne musikkundliche Hürden zu bewältigen
sind die informativen und anregenden »rororo Opernbü-
cher« zu den vielgespielten Mozart-Opern (hrsg. v. Attila
Csampi und Dietmar Holland) und Joachim Kaisers »Mein
Name ist Sarastro« (München 1984). Eine sehr empfehlenswerte, chronologisch angelegte Einführung in Mozarts
Gesamtschaffen schrieb für Musiker und einigermaßen
vorgebildete Laien Konrad Küster unter dem Titel »Mozart.
Eine musikalische Biographie« (Stuttgart 1990). Ebenfalls
geglückt und recht anspruchsvoll ist der von Arnold Werner-Jensen verfaßte »Reclams Musikführer. Wolfgang
Amadeus Mozart« (zwei Bände, Stuttgart 1989 und 1990);
wie in Konzertführern üblich sind die Werke nach Gattungen geordnet. Mozarts »Sämtliche Opernlibretti« in deutschen Übersetzungen hat R. Angermüller herausgegeben
(Stuttgart 1990).

Relativ neu ist das Interesse an der Wirkungsgeschichte.
Wie sehr und wie vielfältig das Phänomen Mozart seit 200

Jahren zu grübelndem Staunen, geistvollen Aperçus und schlichter Bewunderung anregte, zeigt die sehr lesenswerte, von Dietrich Klose herausgegebene Anthologie »Über Mozart. Von Musikern, Dichtern und Liebhabern« (Stuttgart 1991). Prächtige Bilddokumente und präzise Informationen verbindet R. Angermüller in seinem Buch »Wolfgang Amadeus Mozart. Die Opern von der Uraufführung bis heute« (Berlin 1988). Eine, die Ideengeschichte betonende Überblicksdarstellung des Themas »Mozart und die Nachwelt« habe ich geschrieben (Salzburg 1985, Taschenbuchausgabe München 1987).

Wer sich für einzelne Werke oder bestimmte Spezialfragen interessiert, sollte zur qualitativ oft sehr hochstehenden Spezialliteratur greifen. Den Zugang zu ihr erleichtert die mit guten Registern versehene »Mozart-Bibliographie« (»Mozart-Jahrbuch 1975«; Nachträge erscheinen im Abstand von fünf Jahren). Empfehlenswerte diskographische Hilfestellungen finden sich in den genannten Büchern von Csobádi und Werner-Jensen. Über das Thema »Mozart im Film« informiert Wolfgang Freitags Buch »Amadeus & co.« mit einer umfangreichen Dokumentation (Mödling/ Wien 1991).

ZU DEN ABBILDUNGEN

[43] Ansicht des Geburtshauses vom Löchelplatz. Lithographie von
C. Czichna nach J. A. Wenzl, 1837. Stiftung Mozarteum. [44] Das
Mozart-Haus in der Salzburger Getreidegasse. Fotografie. Archiv des
Autors. [45] Geburtszimmer in der Getreidegasse. Internationale Stif-
tung Mozarteum, Salzburg (= ISM). [47] Leopold Mozart. Bleistiftzeichnung von Franz Lactanz Graf Firmian (?), um 1762. ISM.
[49] Titelblatt der »Violinschule« von Leopold Mozart, 1756, ISM.
[51] Anna Maria Mozart. ISM. [53] Maria Anna Mozart (Nannerl),
ISM. [55] Knabenbild, Ölbild von Pietro Lorenzoni (?), Anfang 1763.
Mozart-Museum, Salzburg. [57] Familienbild. Ölgemälde von Johann
Nepomuk della Croce, Winter 1780/81. Mozart-Museum, Salzburg.
[58] Anton Amon nach August Franz Heinrich Naumann: Salzburg
vom Kapuzinerberg, 1791. [60] Residenzplatz. Stich von F. Müller,
nach August Franz Heinrich Naumann, Salzburg, Museum Carolino
Augusteum, Inv.-Nr. 717/49. [62] Fürsterzbischof Sigismund (Sieg-
mund) Graf Schrattenbach. Ölgemälde von F. Havere, 1763. Salzburg, Prunkräume der Residenz. [64] Fürsterzbischof Hieronymus
Graf Colloredo von Waldsee und Mels. Ölgemälde, unbezeichnet, um
1780. Salzburg, Prunkräume der Residenz. [66] Salzburg, Dom (In-
nenraum). Stich und Radierung von Melchior Küsel, 1682. Salzburg,
Museum Carolino Augusteum, Inv.-Nr. 71/25. [67] Rittersaal in der
Residenz. Salzburger Lichtbildstelle. [68] Theaterprospekt: Drei-
schiffige Säulenbasilika mit Vordergrundszene. Salzburg, Erzabtei St.
Peter, Graphische Sammlung. [70] Auszug aus dem Hofkalender
1774. Salzburg, Landesarchiv. [71] Johann Michael Haydn. Ölge-
mälde von Sebastian Stief. Salzburg, Erzabtei St. Peter, Haydn-Ge-
denkstätte. [73] Johann Lorenz Hagenauer. Ölkopie von Sebastian
Stief (1873) nach dem auf Blech gemalten Original auf dem St. Peter-
Friedhof. ISM. [75] Dominicus Hagenauer. Ölbild. Salzburg, Erzab-
tei St. Peter. [77] Tanzmeister-Saal im Wohnhaus der Familie Mozart.
ISM. [78] Wohnhaus der Familie Mozart am Hannibal- (jetzt Makart-)
Platz. Lithographie nach G. Petzold, um 1840. ISM. [79] Palais Paris
Lodron, Salzburg. Aquarell von Hubert Sattler, 1833. Salzburg, Resi-

denz-Galerie. [81] Sigmund Haffner von Imbachhausen. Ölbild.
Salzburg, Museum Carolino Augusteum. [82] Tor des Stadthauses
der Familie Haffner, Salzburg. ISM. [83] Joachim Ferdinand von
Schiedenhofen. Kopie nach einem zerstörten Ölbild. ISM. [84] Maria
Anna Barbara von Mölk. ISM. [85] Bölzlscheibe, ausgestellt in Mo-
zarts Wohnhaus in Salzburg. [89] Italienische Postkutsche. Stich,
1775. Civica Raccolta Stampe Bertarelli, Mailand. [90] Nannerls
Reise-Tagebuch 1763. ISM. [92] Vater Mozart mit seinen Kindern.
Kupferstich von Jean Baptist Delafosse (1764) nach Carmontelle.
Augsburg, Mozart-Gedenkstätte. [94] Tee beim Prinzen Louis-Fran-
çois de Conti im Temple. Ölgemälde von Michel Ollivier, Sommer 1766 (Ausschnitt). Paris, Musée du Louvre. [96] Titel (5a) und
Text (5b) des ersten Huldigungsgedichtes für Wolfgang. Von Konrad Friedrich von Pufendorf. Deutsche Staatsbibliothek, Berlin.
[97] s. [96]. [98] Daines Barrington. Stich von Charles Knight (1795)
nach Joseph Slater (1770). Bayerische Staatsbibliothek, München.
[100] Blick von Gasteig über die Isar auf München, Kupferstich
(1772) nach einem Gemälde des jüngeren Canaletto von 1761.
Münchner Stadtmuseum. [102] Augsburg: Gasthof »Zu den drei
Mohren«, Maximilianstrasse. Stich von F. P. Edelwirth. Graphische
Sammlung der Stadt Augsburg. [103] Frankfurt am Main: Das
Scharff-Haus, Liebfrauenberg. Federzeichnung. Um 1944 verloren-
gegangen. Historisches Museum, Frankfurt am Main. [104] Paris:
Hotel de Beauvais, Rue St. Antoine. Stich von Jean Morot. ISM.
[105] Schloß Versailles, Stich von Jan Caspar Philips, 1756. Mozart-
Gedenkstätte Augsburg. [106] Friedrich Melchior von Grimm. Stich
von (Louis Alexis) Lecerf (1769) nach Louis Carrogis de Carmontelle
(1758). ISM. [108] Titelblatt des Opus I. (Paris 1764 KLV 6, 7). Mozart-Museum, Salzburg. [109] London. Staats- und Universitätsbi-
bliothek Hamburg. [110] London: Inneres der Rotunda in Ranelagh
Gardens. Stich von F. Leitold nach Bernardo Bellotto, genannt Canaletto. Mozart-Gedenkstätte Augsburg. [111] Johann Christian Bach.
Stich von Johann Friedrich Schröter nach Francesco Bartolozzi, 1789.
ISM. [113] Den Haag: Koornmarkt und Groote Kerk. Stich von Benedikt Winckler nach Paulus Constantin la Fargue. Mozart-Gedenkstätte Augsburg. [115] Zürich: Musiksaal beim Kornhaus. Stich von
Melchior Füssli, 1718. Schweizerische Landesbibliothek, Bern.

[117] Wien: St. Marx-Spital mit Kirche und Waisenhaus. Stich von Johann Ziegler. Graphische Sammlung, München. [119] Wien: Haus und Garten des Dr. Mesmer, Rauchfangkehrer- (jetzt Rasumofsky-) Gasse. Aus der »Vogelschau der Stadt Wien«, gestochen von Joseph Daniel von Huber, um 1770. Historisches Museum der Stadt Wien. [121] Verona: Accademia Filarmonica. Stich. Biblioteca comunale, Verona, Raccolta Stampe. [123] Mailand: Palast des Grafen Karl Joseph Firmian. Stich von Marc' Antonio dal Re. Civica Raccolta Stampe Bertarelli, Mailand. [124] Mailand: Inneres des Theaters. Stich von Marc' Antonio dal Re. Civica Raccolta Stampe Bertarelli, Mailand. [125] Prüfungsaufgabe zur Aufnahme in die »Academia filarmonica« in Bologna (zweite Bearbeitung), gezeigt im Salzburger Mozarthaus. [126] Florenz: Palazzo Pitti. Stich von Johann Sebastian Müller nach Giuseppe Zochi. Graphische Sammlung, München. [127] Rom: Palazzo Barberini. Stich von Giambattista Piranesi. Civica Raccolta Stampe Bertarelli, Mailand. [128] Rom: Capella Sistina. Stich von Francesco Barbazza nach Francesco Pannini. Civica Raccolta Stampe Bertarelli, Mailand. [129] Darstellung Mozarts aus dem Jahre 1777 als Ritter vom Goldenen Sporn mit den Insignien, die ihm Papst Clemens XIV. verliehen hatte. Kopie, Original verschollen. ISM. [130] Neapel: Bucht mit dem Palais des (Sir) William Hamilton. Stich von Anton Cardon, 1765. ISM. [131] Titelblatt des Librettos zu »Lucio Silla« (KV 135). Mailand, 26.12. 1772. Deutsche Staatsbibliothek, Berlin. [132] Rückseite des Titelblattes zu »Lucio Silla«. Deutsche Staatsbibliothek, Berlin. [133] München, Redoutensaal. Münchner Stadtmuseum. [135] Maria Anna Thekla Mozart, das »Bäsle«. Bleistiftzeichnung 1777/78. ISM. [137] Mannheim: Nationaltheater. Stich von Johann Sebastian und Johann Baptist Klauber nach Johann Franz von der Schlichten, 1782. Mozart-Gedenkstätte Augsburg. [139] Abt Georg Joseph Vogler. Stich von Johann Michael Schramm nach einem Ölbild. Mozart-Gedenkstätte Augsburg. [140] Christian Cannabich. Stich von Egid Vergelst, 1779. Städtisches Schloßmuseum, Mannheim. [141] Anton Raaf. Stich von G. F. Touchemolin. Graphische Sammlung, München. [142] Georg Benda. Stich von Christian Gottlieb Geyser nach Johann Friedrich Mechau. ISM. [143] Christoph Martin Wieland. Stich von Johann Friedrich Bause nach Georg Oswald May, 1782. Mozart-Gedenkstätte Augs-

burg. [145] Joseph Lange und Aloisia, geb. Weber. Stich von Daniel
Berger nach Joseph Lange, 1785. Mozart-Gedenkstätte Augsburg.
[147] Paris: Kirchhof der Église des Innocents. Lithographie von
Bayalas nach F. Hoffbauer. Bibliothèque nationale, Paris. [151] Wien:
Ansicht vom Schloß Belvedere aus. Stich von Franz Karl Zoller, 1785.
Mozart-Gedenkstätte Augsburg. [152] Vogelschau der Innenstadt
Wien. Kupferstich und Radierung von Joseph Daniel Huber, 1785.
Historisches Museum der Stadt Wien. [153] Schloß Schönbrunn. Öl-
gemälde von Bernardo Bellotto (Canaletto). Historisches Museum der
Stadt Wien. [154] Wien: Kohlmarkt. Stich von Karl Schütz, 1786. Mo-
zart-Gedenkstätte Augsburg. [155] Wien: Das Theater nächst der
Burg. Michaelerplatz. Stich von Karl Schütz, 1783. Historisches Mu-
seum der Stadt Wien. [156] Wien: Hofbibliothek und Redoutensäle.
Stich von Karl Schütz, 1780. ISM. [157] Serenade im Redoutensaal
des Schlosses Schönbrunn. Martin van Meytens und Werkstatt, 1763.
Wien, Kunsthistorisches Museum, Gemäldegalerie, Inv.-Nr. 7504.
[158] Wien: Gasthof »Zur Mehlgrube«, Mehlmarkt oder Neuer
Markt. Stich nach Johann Adam Delsenbach nach Johann Bernhard
Fischer von Erlach. Mozart-Gedenkstätte Augsburg. [159] Wien:
Gasthaus im Augarten. Stich von Kratky, um 1820. ISM. [160] Wien:
Theater nächst dem Kärntnertor. Stich, 1820. Historisches Museum
der Stadt Wien. [161] Wien: Die Vorstadt Wieden mit dem Freihaus.
Stich von Johann Ziegler, um 1790. Mozart-Gedenkstätte Augsburg.
[162] Johann Philipp Graf Cobenzl. Ölbild, 1779. Fotografie aus dem
Bildarchiv der Österreichischen Nationalbibliothek, Wien. [163] Ba-
den: Pfarrkirche mit dem Wiener Tor. Stich von A. Benedetti nach
Ferdinand von Wetzelsberg. Museum der Stadt Baden. [164] Kaiser
Joseph II. Franz Streicher, um 1780. Michaelbeuren, Benediktiner-
stift, Pfarrhof Perwang. In: Kat. Joseph II. [166] Joseph II. mit seinen
Schwestern am Spinett. Joseph Hauzinger, vor 1780. Wien, Gemälde-
galerie, Inv.-Nr. 8856. [167] Das Neujahrsfest bei Hof in Wien, 1782.
Stich von H. Löschenkohl, 1782. Historisches Museum der Stadt
Wien, Inv.-Nr. 93.852. [168] Allegorie auf die Verkündung der Tole-
ranz. Kupferstich von Johann Friedrich Beer, 1782. Historisches
Museum der Stadt Wien, Inv.-Nr. 90.826. [169] Zusammenkunft
Josephs II. mit Pius VI. Kol. Kupferstich von H. Löschenkohl, 1782.
Historisches Museum der Stadt Wien, Inv.-Nr. 19.821. [171] Die

Einnahme der Vorstädte Belgrads. Radierung von H. Löschenkohl,
1789. Wien, Heeresgeschichtliches Museum, Inv.-Nr. B.J.15.120.
[172] »Josephinischer« Sarg um 1784. R.-k. Pfarramt Leoben-Göß.
[173] Gottfried van Swieten. Kupferstich von Johann Ernst Mansfeld.
Mozart-Gedenkstätte Augsburg. [174] Joseph von Sonnenfels. Stich
von Jakob Schmutzer nach Franz Messner. Mozart-Gedenkstätte
Augsburg. [175] Ignaz von Born. Stich von Johann Ernst Mansfeld
nach Friedrich Heinrich Füger. Mozart-Gedenkstätte Augsburg.
[177] Mozart am Klavier. Unvollendetes Ölbild von Joseph Lange.
Winter 1782/83 (?). Mozart-Museum, Salzburg. [179] Silhouette. Gestochen von Hieronymus Löschenkohl, 1785. Exemplar im Historischen Museum der Stadt Wien. [180] Gipsrelief von Leonard Posch,
1788/89. Münzen- und Medaillen-Sammlung des Kunsthistorischen
Museums, Wien. [181] Silberstift-Zeichnung auf Elfenbein-Karton
von Doris (Johanna Dorothea) Stock (Nr. 477), Dresden, 16. oder
17. April 1789. Musikbibliothek der Stadt Leipzig. [182] Konstanze
Mozart. Joseph Lange, Wien 1782 (?). Zavertal Collection, Hunterian
Museum, Glasgow University. [184] Wien: Kirche St. Peter mit dem
Hause »Zum Auge Gottes«. Stich von Karl Schütz, 1779. Historisches
Museum der Stadt Wien. [186] Wien: Der Graben mit dem Trattnerhof. Stich von Karl Schütz, 1781. Mozart-Gedenkstätte Augsburg.
[187] Martha Elisabeth von Waldstätten, geb. von Schäfer. Silhouette
von François Gonord, 1781. Stadtbibliothek Wien. [188] Maria Wilhelmine Gräfin Thun, geb. Komtesse Ulfeld. Silhouette von Johann
Friedrich Anthing, 1788. ISM. [190] Titelblatt der sechs Klavier-Vio-
lin-Sonaten, Opus II (KV 296, 376–380), Wien, 1781. Mozart-Gedenkstätte Augsburg. [191] Serenade KV 388. Autograph. Berlin,
Deutsche Staatsbibliothek. [192] Franz Graf Orsini-Rosenberg. Stich
von Jakob Adam nach Christian Vinazer. Mozart-Gedenkstätte Augsburg. [194] Valentin Adamberger. Silhouette von H. Löschenkohl,
1785. Historisches Museum der Stadt Wien. [195] Caterina Cavalieri,
eigentlich Cavalier. Silhouette von Löschenkohl, 1785. Historisches
Museum der Stadt Wien. [196] Ludwig Karl Fischer. Lithographie.
Gesellschaft der Musikfreunde, Wien. [197] Christoph Willibald
Gluck. Stich von Simon Charles Miger nach Joseph Duplessis. Mozart-Gedenkstätte Augsburg. [199] Giovanni Paisiello. Stich von Vin-
cent Alloja nach Elisabeth Vigée-Lebrun. Mozart-Gedenkstätte

Augsburg. [200] Muzio Clementi. Stich von Johann Neidl nach Thomas Hardy. Historisches Museum der Stadt Wien. [201] Antonio Salieri. Stich von Johann Gottfried Scheffner. Mozart-Gedenkstätte
Augsburg. [202] Joseph Haydn. Ölgemälde von Thomas Hardy, 1791/
92. London, Royal College of Music. [204] Alois Blumauer. Stich von
Jakob Adam nach Joseph Kreutzinger, 1787. Mozart-Gedenkstätte
Augsburg. [206] Johann von Alxinger. Stich von Friedrich John nach
Vincenz Georg Kininger. Mozart-Gedenkstätte Augsburg. [207] Mi-
chael Denis. Stich von Jakob Adam nach Ignaz Donner, 1781. Mo-
zart-Gedenkstätte Augsburg. [208] Figarohaus in der Nähe von St.
Stephan. [210] Mozarts Flügel, ca. 1780 von Anton Walter erbaut.
Salzburg, Mozart-Museum. [211] »Verzeichniß aller meiner Werke«:
24. März bis 26. Juni 1786 (KV 491–495). ISM. [212] Programm einer
Akademie im Burgtheater mit der Uraufführung des »Davidde Penitente« (KV 469), 13. März 1785. Gesellschaft der Musikfreunde,
Wien. [214] Aufnahme in eine Wiener Loge. Ignaz Unterberger (?),
um 1784. Historisches Museum der Stadt Wien, Inv.-Nr. 47.927.
[216] Titelblatt der Kantate »Die Maurerfreunde« (KV 471), Wien
1785. Mozart-Gedenkstätte Augsburg. [217] Thomas Attwood. Ölgemälde ohne Autor und Datum. Royal College of Music, London; eine
andere Fassung des Bildes in der National Portrait Gallery, London.
[219] Nikolaus Joseph und Joseph Franz von Jaquin. Stich von (Jean?)
Mathieu (1802). Nach Wachsreliefs von Leonard Posch (1792). Historisches Museum der Stadt Wien. [220] Ludwig van Beethoven. Silhouette von J. van Neesen, 1786. ISM. Original der Silhouette verschollen. [221] Kadenz zum Klavierkonzert KV 449. Autograph. Kra-
kau, Biblioteka Jagiellonska. [222] Kanon »O du eselhafter Peyerl«
(KV 560a). ISM. Bibliotheca Mozartiana. [223] Lorenzo da Ponte.
Stich von Michele Pekenino nach Nathaniel Rogers. Fotografie im
Bildarchiv der Österreichischen Nationalbibliothek, Wien. [225] Titelblatt der Übersetzung des »Figaro« von Johann Rautenstrauch mit
Cherubino-Vignette. Mozart-Gedenkstätte Augsburg. [226] Theaterzettel der Uraufführung der Oper »Le Nozze di Figaro« (KV 492).
Theater-Sammlung der Österreichischen Nationalbibliothek, Wien.
[228] Ann Storace, die erste Susanna. Stich von Pietro Bettelini, 1788.
Porträt-Sammlung der Österreichischen Nationalbibliothek, Wien.
[229] Klavierquintett KV 452. Autograph. Neue Mozart Ausgabe,

VIII/22/1, S. XII. [230] Wien: Landstraße Hauptstraße, Gartenhof.
Bildarchiv der Österreichischen Nationalbibliothek, Wien. [231] Dekret der Ernennung Mozarts zum Kammer-Musiker bei Hof. ISM.
[233] Theaterzettel der Uraufführung von »Così fan tutte« (KV 588).
Theater-Sammlung der Österreichischen Nationalbibliothek, Wien.
[235] Brief Mozarts an Johann Michael Puchberg von Anfang Juli
1788. Berlin, Deutsche Staatsbibliothek. [236] Das Nostitzsche Nationaltheater, Kolorierter Stich von Leopold Peucker. Prag, Muzeum
Hlavniho Mesta Prahy. [238] Die Villa Bertramka im Prager Viertel
Smichov. Aquarell von A. Kirnig, 1887. Prag, Bertramka. [239] »Don
Giovanni« (KV 527). Autograph. Paris, Bibliothek des Conservatoire.
[240] Karl Fürst Lichnowsky. Ölbild. Schloß Grätz bei Troppau.
[242] Leipzig: Altes Gewandhaus, Konzertsaal. Insel Verlag. [243]
Fuge für zwei Klaviere KV 426. Neue Mozart Ausgabe IX/24/1,
S. IX. [244] Potsdam: Alter Markt. Mozart-Gedenkstätte Augsburg.
[245] Friedrich Wilhelm II., König von Preußen. Stich von Johann
Ernst Mansfeld. Mozart-Gedenkstätte Augsburg. [246] Kaiser Leopold II. von Heinrich Friedrich Füger, undatiert. Prag, Národni Galerie, O 11.974. [248] Krönung Leopolds II. im Querschiff des Domes
zu Frankfurt. Mozart-Gedenkstätte Augsburg. [249] Wien: Rauhensteingasse (Stadtnummer 970). Aufriß von Adam Hildwein, 1806. Historisches Museum der Stadt Wien. [251] Mozarts Clavichord. Salzburg, Mozart-Museum. [252] Rollenbild aus der Oper »Die Zauberflöte«: Schikaneder als Papageno. Stich von Ignaz Alberti. ISM.
[253] Titelbild des Textbuches der Oper »Die Zauberflöte«. Stich von
Ignaz Alberti. Mozart-Gedenkstätte Augsburg. [255] Szenenbild zu
»La Clemenza di Tito« (Akt II, Szene 2) von Giorgio Fuentes, Frankfurt. Gestochen von Anton Radl. Ein Dekorations-Entwurf von Fuentes aus dem Jahre 1811 ist im Theater-Museum, München. [257] Titelblatt einer Sammlung, für die Mozart drei Kinderlieder schrieb (KV
596–598). Vignette von Klemens Kohl nach Johann Christian Sam-
bach, 1791. Musiksammlung der Österreichischen Nationalbibliothek, Wien. [258] Letzte Seite aus Mozarts Werkverzeichnis mit The-
men aus »La Clemenza di Tito« (KV 621) und »Die Zauberflöte« (KV
620). Stefan-Zweig-Sammlung, deponiert im British Museum, London. [259] Aus dem Autograph des »Requiem«: »Lacrymosa...«
(letzte Seite in Mozarts Handschrift). Musiksammlung der Öster-

reichischen Nationalbibliothek, Wien. [261] Joseph von Eybler. Stich. Mozart-Gedenkstätte Augsburg. [262] Anton Eberl. Radierung von Karl Heinrich Rahl nach Ferdinand Jagemann. Porträt-Sammlung der Österreichischen Nationalbibliothek, Wien. [263] Wien: St. Stephans-Dom. Nordseite mit Kruzifix-Kapelle. Stich von Karl Schütz, 1792. Historisches Museum der Stadt Wien. [265] Karl und Wolfgang Mozart. Ölgemälde von Hans Hansen, um 1798. ISM.

Christine Gruber